KB067846

프로이트
익스프레스

프로이트
익스프레스

세계적인
심리학자들의
마음 관리

이동연 지음

북카라반
CARAVAN

여는 글

　　　우리는 세상을 보고, 듣고, 맛보
고, 만지고, 냄새를 맡으며 알게 된다. 이 앎이라는 것은
어디에서 이루어질까? 바로 마음이다. 오감으로 받아들
인 사물이나 사건을 각자 마음으로 느끼고 생각하기 때
문에 똑같은 일을 겪고도 다른 반응을 보인다.

　　　인간이란 어느 누구도 완전하지가 않다. 몸도 정
신도. 그래서 휴식과 치유가 필요하다. 우리는 너 나 할
것 없이 다 불완전하다는 것을 받아들일 때에야 비로소
심리적으로 안정이 된다. 그러한 마음 관리는 자기가 주
도해야 한다. 이는 지그문트 프로이트나 알프레트 아들

러, 카를 융, 고든 올포트, 빅토르 프랑클, 칼 로저스, 롤로 메이, 하워드 가드너 등 이 책에 소개한 심리학자들의 일치된 의견이다.

인간이 불완전하다는 것은 그만큼 사람들마다 천차만별이라는 뜻이다. 그렇기에 심리학에도 여러 학파가 있어 인간의 심리를 다각도로 파악해낸다. 그중 발군은 마음의 무의식을 별견한 프로이트이다. 그의 이론을 기반으로 융의 집단 무의식, 아들러의 열등감 등이 나왔으며 지금도 새로운 연구가 진행되고 있다.

자아, 즉 정체성은 사물이나 사건이 아니다. 고정되어 있지 않고 수없는 상호작용을 통해 진행되어가는 존재라는 뜻이다. 그럴 때 자아 이미지가 중요하다, 자아 이미지는 내가 나를 어떻게 보느냐는 것으로, 수많은 상호작용에서 어떤 선택을 하고 무슨 반응을 보일지를 결정하는 청사진과 같다.

자아 이미지가 건강한 사람은 자기를 자유자재로 통제할 수 있기 때문에 그만큼 모든 경험에도 개방적이며, 관련된 요인을 잘 관리해 나간다. 그 결과 어려움을 겪어도 홀홀 털어버리고 금세 일어나며, 성공했다 해도 우쭐대며 나락으로 떨어지는 실수를 저지르지 않는다. 아들러 역시 "삶이 당신을 힘들게 하는 것이 아니라 당신이 삶을 힘겹게 한다"고 말한 바 있다.

이 책은 세계적인 심리학자들의 조언을 편지 형식으로 구성했다. 편지의 서두에는 무슨 일이든 시작할 때 어떻게 해야 하는지가 서술되어 있다. 그리고 어떻게 해야 임팩트 있게 좋은 기억을 남기는지로 편지를 마무리했다. 그 사이에 느낌 좋은 사람이 되고 내 삶에 쉼표를 주며, 용기를 내어 스스로 치유하는 방법과 똑같은 말이라도 어떻게 해야 하고 강박 충동이나 슬픔, 우울증 등 감정의 기원과 대책, 그리고 사랑과 자존감을 함께 지켜나가는 방안 등을 기술했다.

이 편지의 기조는 '그대여! 그대가 자신의 치료자가 되어라'라는 것이며, 언제 어디서 누구를 만나 무슨 일을 겪든 삶의 용기를 잃지 말라는 희망을 제시하고 있다.

2024년 여름

이동연

무슨
일이든
하고자할 때

어느 정도의 위험은
감수해야 한다

●

삶에서 가장 큰 위험은 예방 조치에 신경을 너무 많이 쓰는 것이다.

○알프레트 아들러

삶은 그 자체가 위기라는 말이 있다. 위기는 위험과 기회가 같이 있다는 뜻이다. 기회 없는 위기가 없고, 위기 없는 기회도 없다. 기회가 크면 그만큼 위험도 역시 높아진다. 뛰는 것보다 걷는 것이, 걷는 것보다 서 있는 것이, 서 있는 것보다 앉아 있는 것이, 앉아 있는 것보다 누워 있는 것이 안전하다. 그러나 안전하면 할수록 기회는 점점 더 사라진다.

세상에 리스크 없는 삶이 어디 있으랴. 보답이 큰 것은 그만큼 위험도 크다. 위험이 줄면 그만큼 기회도 줄고, 위험을 아예 없애버리면 기회도 아예 없어진다.

중국 기杞나라에 걱정 많은 한 사람이 있었다. 그는 마차에 치일까 봐 거리에 나가지 않았고, 다툼이 생길까 봐 누구도 만나지 않고 집안에만 머물렀다. 그런데도 또 걱정거리가 생겼다. '만약에 하늘이 무너져버리면 깔려 죽는 것 아닌가.' 이런 걱정에 그는 밥맛까지 잃고 시름시름 앓다가 죽었다.

기인우천杞人憂天이라는 고사성어는 여기에서 유래했다. 이후 지나치게 걱정하는 것을 기우杞憂라 한다. 불안하다고 아무 일도 안 하면 그 불안이 또 다른 불안을 불러오는 것이다. 너무 불안해하면 아무 일도 하지 못한다.

어떤 삶에도 어느 정도의 위험을 감수할 용기가 반드시 필요하다. 아무리 뛰어난 투자자들도 위험과 보상의 비율이 1 대 3 정도는 된다.

처음에
닻을 잘 내리고

●

무의식적으로 인식된 어떤 첫인상이 이후
에 일종의 기준점 역할을 한다.

○ 대니얼 카너먼

첫인상은 매우 중요하다. 처음의
인식이 이후에 어떤 경험을 할 때 판단하는 기준점 역할
을 한다. 이것이 정박anchoring 효과이다. 앵커는 닻이다.
배가 항구에 닻을 내리면 그 안에서만 움직이는 것처럼
첫눈에 포착된 어떤 정보를 기준으로 이후의 정보를 해
석한다는 것이다.

대부분의 사람은 기준점을 한 번 세팅하면 다음

에 어떤 암시가 주어져도 그 기준점과 부합된 증거만을 선별하려 든다.

물론 정박 효과는 왜곡 현상의 하나이다. 이 사실은 첫인상이 좋았다가 배신당하는 경험을 여러 번 쌓아야 비로소 깨닫는다. 그 후에는 처음 만난 사람이 과도하게 좋은 이미지를 주려 하면 다른 의도가 있는 것은 아닌지 의심한다. 그런 사람에게도 첫인상은 여전히 중요하기에 처음부터 너무 잘 보이려 하기보다 진솔하게 보이는 것이 더 낫다.

좋은 성품을 지닌 사람이라도 누군가에게 첫인상이 안 좋았던 탓에 두고두고 고전하기도 한다. 첫인상을 교정하기가 그만큼 힘들다. 사람은 무엇이 되었든 첫눈에 딱 들면 다음부터는 별로 묻지도 않고 좋아한다. 처음 볼 때부터 안 좋으면 다음에 아무리 잘해도 뭔가 마뜩찮게 본다. 그만큼 첫인상이 주는 효과가 매우 크다. 그래서 일부 마케터들은 그저 그런 제품을 가지고도 수익을 낼 때 정박 효과를 잘 이용한다.

깊이 뿌리를
내려라

●
하나의 벽에 부딪치거든 나무처럼 깊이
뿌리를 내려라. 그러면 더 깊은 근원에서
명료성이 올라와 벽 넘어까지 성장한다.
○ 카를 구스타프 융

살다 보면 여러 난관을 만난다. 대
부분의 사람은 그러려니 하고 넘어간다. 하지만 상상도
못한 거대한 벽을 만나면 달라진다. 내가 경험한 바로는
그랬다.

나는 어떤 길이 내게 최고라고 여겨 20년 이상
몰두했다. 그러다 어느 날 문득 그 길이 허상이라는 생각
이 들었다. 그때의 절망감이란 이루 말할 수 없었다. 내

가 옳다고 여겨 걸어왔던 지난 삶까지 모두 부정해야 하
는 자기모순에 빠진 것이다. 그렇게 곤혹스러워하고 있
을 때 카를 융의 교훈을 접했다.

　　　'벽에 부딪쳤을 때 깊이 뿌리를 내려라.'

　　　처음 벽에 부딪쳤을 때는 분노에 차서 이를 허물
어보려 했다. 그러다 융의 가르침을 보고 나서는 그 자리
에서 뿌리내리는 일에 더 집중했다. 그랬더니 허송세월
만 보냈다고 생각했던 지난 경험들이 작가로서 의미 있
는 자양분이 되기 시작했다.

　　　특히 이념이나 사상, 종교 등 어떤 추상적인 도
그마의 거대한 벽에 부딪쳤을 때는 이를 무조건 사악하
게만 보기보다 더 깊이 뿌리를 내리는 데 집중하는 것이
좋다. 그렇게 뿌리내린 나무는 어느 날 벽보다 더 커져
담장을 넘을 것이고, 땅속의 뿌리도 벽 밖으로 뻗어 나가
또 다른 나무를 키워낼 것이다. 장벽을 만났을 때는 이를
부수는 방법도 있지만 장벽보다 더 큰 나무가 되는 방법
도 있다.

방식이 같더라도
새 기분으로

●
무엇이든 꼭 새로운 방식으로만 하려는 것
보다 새 기분으로 하는 것이 훨씬 더 쉽다.
○ 허버트 해리 스택 설리번

새로워지고 싶은가? 결심만으로
는 잘 안 된다. 우리는 과거 행동에 더 친숙해져 있어, 새
롭게 결심한 방식이 낯설기 때문에 작심삼일로 끝날 때
가 많다.

사람은 생각 이상으로 친숙한 방식에 충동적이
라 친숙한 대로 하려고 하며 낯선 것에는 우유부단하다.
무엇인가를 새롭게 해보려 하다가 머뭇거리는 것도 원

래대로가 더 편하기 때문이다. 이런 기분을 뿌리쳐야만 결심대로 할 수 있다.

무엇을 결심할 때도 충동적으로 너무 높은 목표를 세우면 실행하지 않겠다는 것과 다름없다. 익숙했던 습관에서 더 나은 방향으로 향하는 약간의 변화를 결심해야 한다.

만약 잘못된 습관을 끊어야만 하는 일이라면 그 일을 자신이 즐겁게 여겨야 한다. 어떤 중독을 끊을 때에는 금단 현상이 올 수 있다. 그럴 때는 어렵지만 그 현상을 즐거운 고통이라고 여겨보라는 것이다. 이 고통이 나를 더 행복하게 만드는 신호라고……. 이것이 스스로 충동적인 유혹을 이겨 나가는 자기 동기부여이다.

미국의 철학자이자 심리학자인 윌리엄 제임스는 오랜 연구를 통해 '사람은 즐거워서만 웃는 것이 아니고 웃으니까 즐거워진다'는 사실을 깨닫고 기능주의 심리학을 창시했다. 이처럼 새롭게 하는 일이 낯설지만 '즐겁다'고 자기 암시를 하면 우리 뇌는 진짜 즐거운 일이라고 여기기 시작한다. 바로 여기에서 의욕이 생긴다. 이렇게 시작한 일을 최소한 두 달가량만 지속해보라. 그 후로는 웬만해서는 멈추기 어렵다.

지금 해야 할 일이 기존의 틀에서 벗어나 걱정

이라면 습관처럼 해오던 그 일보다 지금 할 일이 훨씬
더 즐겁다고 되뇌면서 시작해보라. 이것이 바로 '시작이
반'이라는 의미이다.

과거의 나,
현재의 나,
미래의 나

●

나와 비교할 대상은? 과거의 나 자신뿐이
다. 내가 보다 더 나은 사람이 되어야 할
대상도 오직 지금의 나 자신뿐이다.

○지그문트 프로이트

자신을 자꾸만 남과 비교하려고
하지 말라. 오늘의 내가 과거의 나보다 더 좋아지도록만
해보라.

'내 나이에 링컨은……, 에디슨은……, 일론 머
스크는……' 등으로 자신을 어떤 인물과 비교하고 있는
가? 그래 봐야 동기부여는 되지 않고 자괴감에 시달릴
뿐이다. 그들은 그들의 인생이 있고, 나는 내 나름의 인

생이 있는데 굳이 견줄 필요가 없다. 잘 몰라서 그렇지 그들 삶에도 고통이 있고, 알고 보면 우리 삶에도 누구나 부러워할 면이 있다.

지금 선 자리에서 과거의 나를 돌아보라. 어떤 면이든 그때보다 성숙해 있을 것이다. 그런 자신을 대견해하면 앞으로 조금씩 더 좋아지는 것은 어렵지 않다. 어제보다 나아진 나라는 자긍심으로 작은 진보가 누적되면서 장족의 발전을 이루게 된다. 미래의 내 모습도 마찬가지이다. 다른 사람이 아닌 오늘의 나보다 더 좋아지도록 하면 충분하다.

오늘의 나보다 더 나은 내가 되려면 무엇을 버리고 더 보완해야 하는가. 소소하지만 그런 노력에 노력을 거듭하다 보면 더 나은 미래가 펼쳐지는 것이다.

보면 달리 알고,
알면 달리 보인다

●
보는 것이 아는 것을 변화시키고, 아는 것
이 보는 것을 변화시킨다.

○ 장 피아제

　　　　　　　아는 만큼 세상이 보이고, 보는 만
큼 세상을 알게 된다. 알고 나면 이전과 달리 보이고, 다
르게 보면 몰랐던 것을 알게 되는 것이다. 당신은 지금
무엇을 무엇을 보고 있는가? 그 '봄'이 곧 당신의 '앎'을
변화시킨다. 무엇을 먹느냐에 따라 체질이 변하듯 무엇
을 보느냐에 따라 인품이 변하고 운명이 바뀐다.
　　　　우리는 원하든 원하지 않든 이것저것을 많이 보

고 듣는다. 그중에는 안타깝지만 좋은 소식보다 나쁜 소식이 더 많다. 그만큼 사람들이 미담보다 악담 같은 사건에 호기심을 갖기 때문이다. 뉴스를 모르면 세상을 모르니 보고 듣기는 해야 한다. 하지만 괴물과 싸우다 괴물을 닮기도 한다.

우리는 나쁜 소식들에서 어떻게 스스로를 지켜 나가야 할까? 바로 '자기 정화법'이다. 내 귀와 눈을 세상이 보여주는 것 외에도, 내게 지혜를 주는 정보에 능동적으로 여는 것이다.

신라호텔 이부진 사장은 『논어』를 자주 읽는다고 한다. 미국의 전 국무장관 헨리 키신저는 수시로 『손자병법』을 탐독했다. 물론 세상이 보여주는 것보다 훨씬 덜 선정적이고 더 딱딱할 수밖에 없지만, 그렇게 해야 자신을 정화시켜 나갈 수 있다. 언제나 보는 것이 아는 것을 다스리고, 아는 것이 눈길을 다스린다.

20퍼센트의
허점

●

만약에 말이야, 내가 온전해지려고 한다면
나에게도 어두운 면이 있어야 되는 거야.

○카를 구스타프 융

완벽한 존재가 있다면 그야말로
신이다. 세상에 신은 없다. 그러니 세상에 완벽한 사람은
없으며, 어느 누구도 완벽하지 못하다.

인간은 기본적으로 허점을 20퍼센트는 가지고
있다. 아무리 훌륭하고 유능한 사람도 마찬가지이다. 더
구나 우리는 부족한 어느 부분을 채웠다 싶으면 또 다른
부분이 비워진다. 그것이 인생이다. 하나를 얻으면 하나

를 잃는 것과 같은 이치이다.

　　　우리 모두에게는 언제나 밝은 면과 어두운 면이 함께한다. 그런데도 내게는 아무 어둠이 없는 양 행세하는 것이 곧 위선이다. 위선에 길들여지면 결코 자기 자신이 될 수 없다.

　　　먼저 내게도 어둠이 있다는 것을 용납하라. 그런 나를 용납하지 않으려고 하면 할수록 신경증으로 나타나기 쉽다. 그처럼 다른 사람의 어둠에도 관용하라. 그렇지 않으려고 하면 할수록 강박증으로 나타나기 쉽다. 내 속의 어둠을 용납하고 다른 사람의 어둠도 관용하면 정신적으로 풍요로워진다. 풍요로운 정신은 자신에게는 포용력으로, 타인에게는 공감력으로 나타난다.

누구든 한마디로
단정하지 말라

●

성격은 순차적이 아니라 상황과 상호 작용하며 발달한다. 성격 차이란 경험과 그 경험을 어떻게 받아들이려고 하는 인식 방향의 차이이다.

○ 앨버트 반두라

나는 이런 사람이고, 너는 저런 사람이라고 규정하면 대응하기가 편하다. 사람의 성격이란 케이스 바이 케이스case by case인 경우가 많다. 그래서 어떤 사람의 성격을 하나로 딱 규정하는 것은 맞지 않다.

평소 성급한 사람도 어느 때는 한없이 느긋하고, 늘 자상하던 사람이 얼음처럼 냉혹할 때도 있다. 사람의 성격 자체는 주된 기질이 있지만 부가적인 여러 기질로 구성되기 때문이다.

그래서 자기 학습이나 외부 자극을 통해 새로운 성격이 나타나기도 한다. 자기 학습은 양 방향에서 이루어진다. 환경을 수용하거나 환경을 수정하면서 진행된다. 그 대표적인 사례가 조작적 조건 형성이다.

이러한 직접 경험뿐 아니라 관찰 등 간접 경험을 통해서도 자기 학습이 진행된다. 그럴 때 시행착오를 깨닫는 것이 반면교사이며, 반면교사를 통해서만이 자기 객관화가 이루어진다. 자기 객관화가 잘되어 있어야 누구와 만나도 유익한 관계를 유지할 수 있으며, 어떤 기로에서도 머뭇거리지 않고 좋은 선택을 할 수 있다. 그만큼 직접 학습 못지않게 관찰 학습이 중요하다.

꼭 어떤 일들을 직접 경험하지 않아도 좋다. 여러 사례들에 주의를 집중하면 그때의 지각이 우리 안에 심상으로 남아, 필요할 때면 인출되면서 적절한 행동을 하게 된다.

양심의
의미

●
어떤 것이든 교만은 모두가 기만적이다.
그럴 때면 자신을 속이는 것이라 양심이
의식에게 '뭔가 조화를 잃었다'라는 느낌
을 준다.

○ 카를 구스타프 융

　　　　　　　　허영으로 들떠 있는 우월감이 교
만이다. 교만에 차면 당연히 객관성을 잃기 쉽고 타인을
압도하려고 한다. 나와 다른 의견을 참지 못하기 때문에
타자에게는 폭력이며, 객관성이 없기 때문에 자기에게
는 기만이다.

　　　　　교만을 부리는 사람 주변에는 늘 새로운 사람만
이 서성이다가 떠난다. 누구도 곁에 오래 있지 못하는 것

이다. 그런 상황이 반복되면 자신조차도 자기를 사랑하기 어려워진다. 이것이 '자기 소외'이다. 자기 소외가 심해지면 그만큼 실존의 불안도 깊어지고, 정서적 분리감이나 무감각으로 시달리기 쉽다.

자기 소외가 일어날 때면 우리 마음속에서는 객관성을 찾으라고 알려준다. 그것이 양심의 소리이다. 이를 따르면 균형 잡힌 삶을 회복하지만 계속 거절하다 보면 양심까지 무디어진다.

카를 융은 양심을 주관과 객관의 균형을 잡아주는 내면의 기질이라고 보았다. 양심이 있다는 것은 객관성이 있다는 것이다. 그렇다면 과연 나는 양심적인가, 비양심적인가?

성격과 성공의
상관관계

●
괴팍해서 성공하는 사람도 있고, 괴팍해
서 실패하는 사람도 있다

○ 칼 메닝거

성공한 사람들은 어떤 성격을 가
지고 있을까? 사회성이 좋고 온화한 사람들일까? 그렇
다면 실패한 사람들은 모두 독선적이고 거친 성격의 소
유자라는 의미가 된다. 물론 성공한 후에 더 너그러워질
수도 있고, 실패한 후에 더 거칠어질 수도 있다. 하지만,
성공이 어떤 성격인지에 달렸다고 볼 수는 없다.

아무래도 성격이 좋으면 호감을 얻고 어떤 일이

든 성취할 기회도 많을 것이다. 그렇다고 성격이 좋아야만 반드시 성공한다는 법은 없다. 메닝거에 따르면 이마누엘 칸트, 바뤼흐 스피노자, 장자크 루소, 프레데리크 쇼팽, 빈센트 반 고흐, 리하르트 바그너, 아이작 뉴턴 등은 분열적 성격을 보였다. 볼프강 아마데우스 모차르트역시 괴팍한 성격으로 유명했다.

실패한 사람들을 무조건 괴팍한 사람이라고 낙인찍는 것만큼이나 성공한 사람이 무조건 훌륭한 사람이라는 환상도 위험하다. 여론도 실상은 성공한 사람들이 움직인다. 그러다 보니 그들 인성도 좋은 면만을 부각시켜 보여주는 것일 수 있다. 그러나 성공은 성격보다 변화를 직감하고 미래를 선점하려는 집요한 기질들에 더큰 영향을 받는다.

의견이 다르다고
적은 아니다

●

나를 반대한다고 그들을 모두 적으로 볼
필요는 없다.

○ 지그문트 프로이트

사람이라면 누구나 자기 의견이
있고, 다른 사람이 이에 동조해주기를 기대한다. 합리적
인 사람은 누군가 자신에게 반대 의사를 밝히면 그 이유
가 타당한지를 살펴본다. 반면에 유달리 자기 의견이 거
절당하는 것을 싫어하는 사람들도 있다. 이런 사람 앞에
서는 더 좋은 의견이 있더라도 꺼내지 않는다.

당신이 만약 거절을 싫어하는 사람이라면 이렇

게 생각해보라. 과연 내 의견대로 세상이 돌아간다면 정말 좋아질까? 돌이켜보면 내 의견 중에 틀린 것도 많다. 내 의견대로만 안 되어서 다행인 경우도 많다.

사람들의 견해란 늘 상대적이어서 어떤 경우라도 허점이 있기 마련이다. 아무도 내 의견에 반대하지 않는다면 어떻게 될까? 이는 나의 허점을 방치하는 꼴이다. 반대 의견에 부딪치면 바로 그 허점을 보완하는 계기로 삼을 수 있다.

싫은 소리를 아예 안 들으려고 하는 사람에는 두 부류가 있다. 첫째, 미숙한 사람이다. 감정이 백지장처럼 얇아 누가 애써 다른 의견을 내면 무시당했다고 속상해한다. 둘째, 완고한 사람이다. 감정이 돌처럼 굳어 있어 아무리 반대해도 상처를 받지 않을 뿐 아니라 무시해버리고 자기 고집대로만 한다.

자기 견해에 유달리 완고한 사람일수록 우월의식이 강할 가능성이 크다. 그들의 정신세계는 아직 미숙해서 자기 견해만이 금지옥엽처럼 보일 뿐이다.

누가 내 의견에 반대한다면 내가 싫어서 반대하는지, 더 잘 되라고 반대하는지를 분별할 줄 알아야 한다. 설령 내가 싫어서 반대하더라도 그 반대 속에 어떤 교훈은 없는지를 살펴보아야 한다.

사람은
천차만별이다

●
모든 사람에게 잘 맞는 신발이 없듯, 모두
에게 똑같이 좋은 생활 비법도 없다.
○카를 구스타프 융

우리는 내게 좋은 것이면 다른 사
람에게도 좋을 것이라고 생각한다. 선물을 줄 때도 상대
가 무엇을 좋아하는지도 모르고 내가 좋아하는 것만 줄
때가 있다. 내 좋을 대로 생각하는 버릇은 특히 가까울
때 더 심하다. 가깝다고 해서 상대에게 양해도 구하지 않
고 내가 좋아하는 대로 따르도록 강요할 때가 많다.

내가 좋아해도 상대는 싫어할 수 있고, 나는 싫

어하지만 다른 사람들이 좋아할 수도 있다. 어느 여배우는 모든 여배우의 로망인 멜로 연기를 싫어해 아무리 많은 출연료를 주어도 거절한다고 한다.

물이 물길을 따라 흐르듯, 사람도 기질에 따라 살아가야 한다. 일란성 쌍둥이로 같은 환경에서 자라도 기질은 차이가 난다. 기질은 물길과 같아서 자기 기질을 자연스럽게 드러낼 수 있어야 그 삶이 활기를 띤다.

위계가 강한 사회일수록 사람들을 남녀노소, 직업 등으로 나눠 그 틀에 맞춰 살게 한다. 거기에서 조금만 벗어나도 부적응자로 매도하기까지 한다. '나이도 어린 것이 설친다', '여자가 너무 거칠다', '남자가 그런 것도 못하느냐' 등등. 지금처럼 하루가 다르게 변하는 세상에서는 자기 기질대로 살려는 사람이 아니라 다른 사람들을 자기 방식으로 획일화하려는 사람이 부적응자이다. 기질들 사이에 선호의 차이는 있지만 우열의 차이는 없기 때문이다.

세상에 어떻게 적응하느냐는 각자의 몫이다. 아무리 인생 선배이고 가까운 사이라도 '내가 이랬으니 너도 이래야 한다'는 생각은 결례이다. 각자가 좋아하는 대로 사는 것을 존중해주어야 한다. 남에게 피해만 안 주면 그것으로 충분하다.

지나치게
이론화하지 말라

●

지성으로 도무지 풀지 못한 수수께끼들은
종종 손과 발로 잘 풀린다.

○ 카를 구스타프 융

이론과 실제는 차이가 있다. 세상
은 이론으로만 돌아가지 않는다. 이론이 탄탄해서 나쁠
것은 없지만 이론에 묶여버리면 안 된다. 어쩌면 이론의
기본은 상식과 같은 것으로, 삶의 과정에서 충분히 습득
할 수 있다.

이론으로만 세상을 쟁취할 수 있다면야 박사학
위를 많이 가진 순서대로 세상이 재편되어야 할 것이다.

행복이 성적순이 아니듯 세상 돌아가는 이치도 꼭 텍스트대로가 아니다.

초등학교만 졸업한 정주영은 일곱 살 때 강원도 통천에서 부친이 황소 한 마리를 판 돈 70원을 들고 서울로 와 세계적인 대기업을 이루어냈다. 그는 평소 "임자! 해봤어?"라는 말을 입에 달고 살았다. 그만큼 개척 정신이 강했던 것이다.

50여 년 전 한국에서 조선소 경험이 전무했던 시절, 정주영은 조선소를 짓겠다며 영국의 한 은행을 찾아가 차관을 요청했지만 거절당했다. 그는 이 난관을 어떻게 극복했을까?

정주영은 거북선이 그려진 500원짜리 지폐를 꺼내 한국이 영국보다 300년이나 앞서 철갑선을 건조한 나라임을 설명했다. 그는 끝내 임원을 설득해 차관을 얻는 데 성공했다.

이 일은 그야말로 협상의 신화 같은 이야기로 남아 있다. 위기의 순간에는 손과 발이 머리보다 먼저 움직인다. 머리로만 생각하는 지성은 순발력 있는 현장 감각의 도움 없이는 거대한 진보를 이루기 어렵다.

느낌 좋은
사람이
되어라

웃으니까
행복하다

●

행복하니까 웃는 것이 아니라, 웃으니까 행복한 것이다. 자신의 태도를 바꾸면 자기 운명도 바꿀 수 있다.

○ 윌리엄 제임스

만나면 편한 사람이 있다. 자신이 조금 힘들어도 웃으며 밝게 지내려는 이들이다. 만나면 불편한 사람도 있다. 보자마자 얼굴부터 굳히고 사사건건 따지듯 물고 늘어지는 이들이다. 환히 웃으며 만나면 헤어지고 나서도 밝은 기분이지만, 만날 때마다 짜증내면 헤어진 뒤에도 우울해진다. 내가 힘들다고 만나는 상대까지 힘들게 해서는 안 된다.

우리가 다른 이를 만나는 것은 서로 즐거워지기 위해서이다. 그래서 사람은 자기 문제에만 골똘해 있는 사람보다, 함께할 때 넉넉하고 여유로운 사람에게 좋은 느낌을 갖는다. 타인을 만날 때 웃는 것은 좋은 인상을 주려는 것뿐 아니라 그래야 나도 밝아지기 때문이다.

삶이 힘겹다고 짜증만 내며 지내는 것보다 누구든 만나 잠시 웃고 밝은 시간을 보내면 활력도 얻는다. 우리의 운명이란 정해진 것이 아니다. 내가 웃으면 자꾸 웃을 수 있는 운명으로 나아가고, 짜증만 내면 자꾸 더 침울해진다.

선한 사람도 악을 꿈꾸지만
멈출 줄 안다

●

선한 이도 사악한 자가 실제 저지르는 악을 꿈을 꾸지만 그것만으로 만족한다.
○ 지그문트 프로이트

우리 속의 욕구를 타인에게 남김 없이 보여준다면 어느 누구도 얼굴을 들고 살기 어려울 것이다. 주변에 착하디착한 사람을 한번 떠올려보라. '그분은 법 없이도 살 사람이야. 얼마나 생각이 바른지 몰라. 남을 해할 생각은 티끌만큼도 품지 않은 분이야.' 이런 말을 듣는 사람이 꽤 있다. 정말 그들은 늘 좋은 의도만 가지고 살까? 충신이나 잉꼬부부 등의 마음속은 과연 걸보기와 똑같을까?

　　　더 넓게 보아 부처, 공자, 예수 등 인류의 성자라
고 불리는 지고지순한 사람들은 과연 겉과 속이 똑같을
까? 이들도 보통 사람들과 다를 바 없이 본능과 이성을
지닌 인간들이었다. 정도의 차이야 있겠지만 인간이라
면 품을 수밖에 없는 희로애락과 오욕칠정에서 예외가
아니라는 것이다. 단지 그런 욕구들을 과도하게 표출하
지 않았을 뿐이다.

　　　어쩌면 성자들은 전통사회에서 금기시하는 성
욕이나 증오 같은 감정을 절제하는 대신 명예와 존중의
욕구를 충족시켰다고 볼 수 있다. 사회적으로 의인이라
는 평가를 받을 때의 자존감은 돈으로 계산할 수 없다.
반면에 악인이라는 평가를 받으면 존재의 의미를 잃어
버린다. 그래서 성자도 보통 사람과 똑같이 미워하고 사
랑하고 애욕을 품지만, 자존감을 잃는 것이 두려워 고결
한 덕으로 승화했다고 보아야 한다.

느낌이 좋은 사람은 자기 그림자를
타인에게 투사하지 않는다

●

사람이 정치적, 사회적, 영적으로 할 수
있는 최선은 자기 그림자가 타인에게 투
영되지 않도록 철회하는 것이다.
　　　　　　　　　　○ 카를 구스타프 융

　　　　　　　행복과 불행은 상대적인 개념이
다. 이 두 개념은 기대, 비교와 연결되어 있다. 당신은 무
엇을 기대하는가? 그 기대는 자신의 것인가, 타인의 것
인가? 자신에게 해당되지도 않는데 남들이 기대하는 것
이라서 덩달아 기대하고 있다면, 나의 모든 것을 다른 사
람과 비교하게 된다. 그런 비교 심리야말로 자신의 자존
감을 타인에게 맡기는 것과 같다.

남과 비교를 많이 하면 자신에 대한 실망도 크다. 그 과정에서 뭉개진 자존감이 내 속의 어두운 그림자로 드리웠다가 엉뚱한 데로 투영되기 쉽다. 종로에서 뺨맞고 한강을 째려보는 식이다. 분풀이를 엉뚱한 곳, 특히 만만한 데 하는 것이다.

특히 수직적이고 체면을 중시하는 문화에서는 엉뚱한 사람에게 화풀이를 하는 사람이 많다. 안방에서 시어머니에게 혼난 며느리가 부엌에 가서 강아지 배를 걷어찬다거나 아이를 타박하기도 한다. 고래 싸움에 새우 등 터진다는 말들도 그런 풍조를 나타낸다.

세상에 공짜 점심은 없다고 하지만 이유 없이 당하는 화풀이는 흔하다. 그만큼 사람들이 자신의 그림자를 다른 곳에 투사하는 바람에 억울한 일이 많이 일어나고 있다. 인과응보는커녕 '인과응벌'이라는 말이 나오기도 한다.

사람들이 자기 잘못이 아닌데 억울하게 당하면 세상을 불신한다. 그런 사람이 늘어나면 사회는 더욱더 강도의 소굴처럼 된다. 내 설움 때문에 다른 사람을 울게 하고 내 분노 때문에 무고한 사람을 괴롭히지 않는 것만 해도 사회에 큰 기여를 하는 것이다.

분노 촉발 요인을
잘 파악하라

●
상대가 화를 못 내게 할 수는 없지만, 화
를 돋우는 촉발 요인은 피할 수 있다.

○ 캐롤 이자드

　　　　　　　　　자꾸 화내는 것도 습관이다. 한두
번 화내기 시작하면 화를 더 내게 된다. 그렇게 해서 화
를 내야만 직성이 풀리는 상태가 된다. 가만히 생각해보
라. 나는 언제 화를 잘 내는가? 누구를 보면 화가 더 나
는가? 아마도 그 시기와 분위기와 사람이 대부분 일치할
것이다. 주변에 있는 화를 잘 내는 사람을 떠올려보자. 그
사람은 언제, 어떤 분위기에서 어떻게 화를 내는가? 화내

는 때와 분위기, 방식까지도 나와 유사함을 알 수 있다.

화도 습관이라는 것은 화내는 촉발 요인이 따로 있다는 것이다. 그 요인을 간파하면 확실히 내 화를 멈출 수 있고 상대도 화를 덜 내게 할 수 있다. 아이들은 배고 프거나 아프거나 불편하면 짜증낸다. 기본적으로 성인 도 마찬가지이지만, 성인은 보다 더 사회심리적인 요인 이 강한 자존심이나 열등감 등을 건드릴 때 화를 낸다.

그리스 신화에 나오는 헤라클레스가 어느 날 산 길을 가는데, 빨간 사과가 가로막고 있어 발로 걷어찼 다. 그런데 사과가 치워지기는커녕 그 자리에서 바위만 큼 커졌다. 기분이 상한 헤라클레스는 이번에는 주먹으 로 사과를 내리쳤다. 그러자 사과가 깨지지 않고 집채만 큼 커졌다. 길이 완전히 막혀 난감해하는 헤라클레스 앞 에 지혜의 여신 아테네가 나타나 이렇게 말했다.

"헤라클레스야, 자꾸 자극하지 말고 그냥 놓아두어라."

그녀의 말대로 했더니 사과는 본래 모습으로 돌 아갔다.

실수할 수 있다.
너무 자책하거나
타박하지 말라

●

삶은 수영을 배우는 것과 같다. 실수를 두
려워 말라. 그 외에 달리 삶을 익힐 방법
이 없다.

○ 알프레트 아들러

수영에 관한 책 1만 권을 암기한
들 물에서 직접 허우적대보기 전에는 헤엄칠 수 없다. 삶
의 기술도 처음에는 미숙하지만 열심히 살다 보면 늘어
난다. 특히 우리는 성공보다 실수를 통해 더 많이 배운
다. 실수해보면 어떻게 해야 잘할 수 있는지를 몸으로 알
게 된다.

실수를 겁내면 아무것도 못한다. 아무리 쉬운 일

도 실패할 가능성은 여전하기 때문에, 실수를 무릅쓰고자 했을 때 용기가 생긴다.

내가 열심히 했는데도 실패했다면 어떻게 해야 할까? 그럴 때야말로 자책하지 않는 것이 중요하다. 자책이야말로 재도전할 용기를 꺾는 두려움의 입구이다. 다른 사람이 열심히 하고도 실패했다면 그를 타박하지 말라. 당신과 사이가 가까울수록 그 타박이 그에게는 좌절의 늪이 된다.

실수란 더 잘하려면 피해야 하는 것이 무엇인지를 배우는 과정이다. 목표가 분명하고 용기가 있는 사람은 같은 실수를 거듭하지 않는다. 오히려 실수를 겁내고 주저주저했던 사람이 어쩌다 한번 해본 일이 잘못되면 다음부터 더 머뭇거리며 기회가 와도 놓치기 쉽다.

실수를 조장하는 것만큼이나 실수를 큰 잘못으로 치부하는 것도 잘못이다. 아이들은 일어서기 위해 얼마나 많이 넘어지던가. 사회적으로도 적어도 고질화되지 않는 실수라면 도전하고 또 도전하는 풍토가 조성되어야 한다. 그러면 누구든 실수를 두려워하는 대신, 앞으로 나아가려는 의지가 부족한 것을 더 두려워할 것이다.

그 무엇도 흔들 수 없는
평안

●
가장 격렬한 갈등을 극복할 수 있다면 세상 그 무엇도 흔들 수 없는 평안과 안정감을 누릴 수 있다. 다시 말해 가치 있는 결과를 지속적으로 누리려면 아무리 격렬한 갈등이라도 잘 수습해 나가야 한다.
○카를 구스타프 융

사람마다 정신력, 흔히 말하는 멘탈의 강도가 다 다르다. 멘탈이야말로 덩치나 재산, 지식과 아무 상관이 없다. 평소에는 누가 강한 멘탈인지를 잘 모르지만 위기를 맞으면 개개인의 차이가 드러난다.

위기 앞에 맥없이 무너지는 사람도 있고, 더 꿋꿋하게 버티는 사람도 있다. 무너지는 사람들은 대동소이하게 상황 탓을 많이 한다. 반면에 이겨내는 사람들은 위기에서 참 많이 배웠다고 한다.

　　명필은 붓을 탓하지 않는 법이다. 날이면 날마다 좋은 일만 있을 수는 없다. 크든 작든 위기를 당하지 않고 사는 사람이 누가 있겠는가. 멘탈이 강하려면 우선 나만 힘든 일을 겪는다고 생각하지 말아야 한다. 누구나 자기 아픔이 제일 크다고 느끼지만 착각에 불과하다. 소설보다 더 소설 같은 일이 벌어지는 것이 인생이다.

　　세상에 드러나지 않거나 말하지 않아서 우리가 모를 뿐이지 나보다 더 기막힌 갈등을 겪고도 멋지고 의연하게 극복해내는 사람이 무수히 많다. 나만 당하는 고난이라는 착각에서만 벗어나도 멘탈의 기초가 훨씬 강해졌음을 깨닫는다. 그렇게 강해진 멘탈이라면 삶이라는 링에서 외칠 수 있다.

　　'어떤 위기든 올 테면 와라. 한방에 날려줄 테니까!'

건강한 성격의
특징

●

성격이 건강해야 자기를 객관적으로 볼
수 있다. 그래야 실패해도 다시 일어나고
성공해도 자만하지 않으며 또 다른 목표
를 만든다.

○ 고든 올포트

성격이 좋은 것과 건강한 것은 다
르다. 흔히 잘 어울리면 성격이 좋다고 본다. 그러나 성
격만 좋아서는 분별력이 없다. 건강한 성격도 잘 어울린
다. 그러면서도 분별할 줄 안다.

분별력의 핵심 특징은 정확한 지각과 효율적인
인식이다. 인식이 효율적이려면 과거에 붙들려 현실을
왜곡하거나 기대 심리로 과장하지 않아야 한다. 정확한

지각도 어떤 사안이나 타인을 볼 때 자기 식대로가 아니라 있는 그대로 볼 줄 알아야 가능하다.

달리 말하면 자기 객관화가 가능해야 성격이 건강한 것이다. 그래야 자신을 넘어 현실을 가감 없이 지각하며 최적화된 노력을 할 수 있다. 그렇게 노력하는 만큼 마음의 여유가 생기며 유머감각도 덩달아 늘어난다. 그러면 현실적인 어떤 스트레스도 화를 내기보다 자신감 있게 웃으며 넘어갈 수 있다.

건강한 성격의 또 다른 특징은 성공한 뒤에도 안주하지 않고 새로운 목표를 설정한다는 것이다. 성격이 좋아 어쩌다 성공한 사람이 성취에 취해 금세 안주해버리면 그리스 신화에 나오는 이카로스의 날개처럼 추락하고 만다. 성격이 건강한 사람들은 하나의 성공이 끝이 아니고 또 다른 성공의 봉우리가 끝없이 이어진다는 것을 잘 알고 있다.

궁합이라는
단어

●
세상에 완벽한 사람이 있다면, 당신이 결
코 알려야 알 수 없는 사람일 뿐이다.
　　　　　　　　　　　○ 알프레트 아들러

　　　　　　　　사람들이 좋아하는 사람은 누구
를 만나도 이 사람은 이래서 좋고 저 사람은 저래서 좋
다고 본다. 사람들이 싫어하는 사람은 누구를 만나도 이
사람은 이래서 싫고, 저 사람은 저래서 싫다고 한다. 기
왕이면 좋은 면을 보려는 사람을 만나면 마음이 편하다.
반면에 나쁜 면만 짚어내려는 사람을 만나면 마음이 늘
불편하다.

잘난 체하기를 좋아하며 상대의 결점을 잘 찾는 사람들은 그 결점과 비교되는 자기를 은근히 자랑하는 심리가 있다. 아무리 허물없는 사이라도 은근히 비꼬는 사람을 계속 참아주기는 어렵다. 나는 어떤 사람인가. 사람들이 만나면 편해하는가, 불편해하는가.

세상에 완벽한 사람은 없다. 인간미란 완벽하지 못해 보완하는 데서 나온다. 그래서 궁합이라는 말도 나왔다. 한 사람이 완벽하다면 궁합이라는 말 자체가 필요 없는 것이다.

궁합은 배우자로서의 상호 조화가 되느냐 아니냐는 것뿐 아니라 친구나 직장 동료 등 여러 관계나 일에도 적용된다. 어차피 사람도 많고 할 일도 많으니 기왕이면 나와 궁합이 맞는 사람, 궁합이 맞는 일을 찾아라. 물론 궁합이 맞는다고 완벽하다는 것은 아니다.

세상에는 제 발로 소외의 길로 가는 두 부류가 있다. 첫 번째는 결코 완벽할 수 없는데도 좀 더 잘났다 해서 완벽한 것처럼 행세하는 사람이다. 두 번째는 완벽한 사람만 찾아다니는 사람이다. 우리가 만나야 할 사람이나 일은 완벽한 사람이나 일이 아니고 나와 궁합이 맞는 사람과 일이다.

어른이
된다는 것

●
어른이 된다는 것은 각자 삶의 차이를 이
해한다는 것이다. 자라면서 사고 개념을
자기 중심의 바램에서 주어진 여러 데이
터를 바탕으로 발전시켜 나가기 때문이다.
○토머스 해리스

성장이 생물학적이라면 성숙은
심리학적이다. 성숙해진다는 것은 그만큼 이해의 폭이
넓어진다는 것이다. 그래서 연륜이 깊을수록 사람들에
게 덜 예민해지고 편해진다.

그런데도 가까운 사람에게만 유달리 더 상처를
주는 사람들이 있다. 성경에도 집안 식구가 네 원수라고
까지 했다. '그러지 말아야지' 하면서도 후회할 말을 하

고 만다. 왜 그럴까?

이는 가깝다는 이유만으로 내 생각대로 따라주기를 바라기 때문이다. 부모와 자식처럼 친근한 사이에서 이런 정서가 제일 심하다. 부모는 자식이 다 컸는데도 아직 어렸을 때의 연장선상에서, 마치 물가에 내놓은 아이를 바라보듯 한다. 자녀 입장에서는 그런 시각이 부담스럽고 불편할 수밖에 없다.

이처럼 부담스러운 관계는 부모는 부모대로 자녀는 자녀대로의 삶이 있다는 것을 긍정해야 해소된다. 사람 사이는 가깝거나 멀거나 각자 독립된 개체로 기능할 때 자기 자존감을 느끼는 것이다. 엄밀히 말하자면, 어떤 관계도 인간이라는 것을 제외하고 나머지는 모두 다르다. 이를 수용할 때 역설적으로 화평이 있다. 아무리 사랑하고 아무리 귀한 사이라도 그렇다.

내가 네가 아니고 너도 내가 아니라는 것이다. 가깝다고 해서 획일화하려는 것만큼 관계를 따분하게 만드는 것은 없다. 서로 다른 것이 당연한 것이며 그래야만 새로운 애정도 나눌 수 있다.

어떤 감정도
그 자체로는
죄가 없다

●
어떤 생각이나 감정 등을 질병으로 범주
화하는 것은 고래를 어류로 분류하는 것
처럼 의미로 보나 논리로 보나 오류이다.
　　　　　　　　　　　○토머스 사스

　　　　　　　　기쁨, 슬픔, 분노, 놀람, 공포, 혐
오, 혼돈, 사랑, 미움 등 감정의 종류는 얼마나 많은가. 생
각도 마찬가지이다. 추억, 기억, 인지, 기대, 긍정, 부정,
계산, 판단 등이 있다. 이와 같은 생각들과 감정들이 어
우러지며 행동이 나온다. 예를 들면 어떤 추억에 기쁨,
슬픔 등의 감정이 부착되며 행동을 유발하는 것이다.
　　　모든 감정과 생각, 행동은 상황이나 시기별로 평

가가 다르기는 하지만 존재론적으로 발생하며 나름대로 의미가 있다. 어떤 감정이나 생각 등도 사회에 지속적인 해악으로 이어지지 않는 한, 아무리 사회적으로 혐오스러운 인식이 있다 해도 질병으로 분류할 수는 없다. 실제 사회적인 해악이 없는데도 혐오 인식 때문에 어떤 감정이나 생각을 금기시한 경우가 얼마나 많은가.

　　사회적인 인식은 느낌의 영역이다. 시각에 따라 얼마든지 바뀐다. 고래는 다른 어류들과 달리 폐로 호흡하고 새끼를 젖으로 기른다. 바다에 서식한다는 이유 하나만으로 고래를 어류로 범주화할 수 없다. 이렇게 바다에 어류가 아닌 포유류가 있듯 세상에도 주류가 긍정하는 어떤 감정과 어떤 생각 외의 다른 감정과 생각도 충분히 건강하다. 그런데도 건강하지 않다고 하는 그 시각이 불건전한 것이다.

　　어떤 감정도 그 자체로는 죄가 없다. 사랑이 소중한 만큼 미움도 의미가 있고, 용서가 귀한 만큼 분노도 어느 정도는 가치가 있다. 어떤 감정은 나쁘다고 무시만 하면 심리적 부담이 더 와서 엉뚱한 일탈 행위로 치닫기도 한다. 모든 감정을 다 소중히 인정하면 도리어 자연스러워져 아무 무리 없이 살 수 있는 것이다.

모두에게 사랑받는 것은
불가능하다

●
어느 누구든 모든 이에게 언제나 사랑받
을 수는 없다. 사랑과 수용의 레벨이 사람
에 따라 요동치기 때문이다.

○에런 템킨 벡

　　　　우리 모두에게는 사랑받고 인정
받고 싶은 욕구가 있다. 그 욕구 때문에 세상의 기대치에
맞춰 자신을 가꾼다. 인정 욕구가 강하면 나 아닌 다른
사람이 인정받는 것을 질투하기 쉽다. 자신에게 향해야
할 시선이 그만큼 분산되기 때문이다.
　　　　100명이 모여 있는데 동등하게 인정받는다면
어느 누구도 주목받지 못한다. 그래서 인기에 갈급한 사

람은 자신만이 두드러지게 보이고자 한다. 타인의 인정에 과도하게 집착하면 의존성 성격이 강화된다. 그 결과 사소한 일에도 타인의 눈치를 슬금슬금 보게 된다. 그럴수록 자신은 더 무력하게 느껴진다.

인정 욕구가 과도한 배경은 두 가지이다. 성장 과정에서 존중받아 본 경험이 별로 없어서 반동 심리로 형성된 것이거나, 아니면 늘 최고라는 인정만 받다가 사회에 나와 몇 번 실패한 뒤 자신감을 잃고 의존성 성격이 강화된 것이다. 문제는 교활한 사람은 의존성이 강한 사람을 척 알아보고 착취하려 든다는 점이다.

사람은 누구나 무시도 당하고 실패도 하면서 살아간다. 무시 좀 당했다고, 실패했다고 상실감에 빠져 지낼 필요가 없다. 그냥 누구나 다반사로 겪는 일이라고 받아들여야 한다. 그래야만 강한 자립심이 길러진다.

내가 모든 이를 좋아할 수 없듯, 다른 이들도 모두 나를 좋아할 수는 없다. 세 가지 이유가 있다. 첫째, 잘 알지도 못하는데 무조건 인정하기가 어렵다. 둘째, 잘 안다고 해도 은근한 경쟁심이 있다면 진심으로 인정해주기가 쉽지 않다. 셋째, 본래 누구를 대놓고 좋아하지 않는 성격이라 살갑게 하지 않는 사람도 많다. 그런데도 모두에게 인정받으려고 노력하면 그만큼 자신만 지친다.

때와 장소에
맞춰라

●
새의 날개가 아무리 완벽해도 공기가 없
다면 결코 날지 못한다.
　　　　　　　○ 이반 페트로비치 파블로프

　　　　　　　능력이 아무리 뛰어난 사람도 여
건과 맞지 않으면 빛을 보기 어렵다. 소도 언덕이 있어야
비비는 것이다. 자신과 맞는 상황을 찾아내거나 아니면
그런 상황을 만들어내야 한다. 천하의 책사 제갈공명도
융중의 초가집에서 뜻을 펼칠 기회를 노리고 있었다. 노
를 젓더라도 도도한 물결을 따라 가는 것이 거슬러 오르
는 것보다 훨씬 빠르고도 수월하다.

재능을 발휘하면서 삶의 보람을 함께 누리려면 다음 두 가지가 필요하다. 기본은 자신의 노력이고, 다음이 때와 장소이다. 시기와 여건이 좋아도 스스로 노력하지 않으면 소용없다. 또 자신이 아무리 노력해도 시기와 여건이 맞지 않으면 크게 빛을 보지 못한다. 창공의 송골매를 보라. 유유히 하늘을 날다가 먹잇감이 낚아채기 좋은 장소에 있는 바로 그때 질풍처럼 다가가 순식간에 낚아챈다.

살다 보면 혼신의 노력을 다해도 헛수고로 끝날 때가 있다. 그래도 불운이라고 한탄해서는 안 되며, 노력에 맞는 여건과 때를 물색해야 한다. 행운과 불운이란 때와 장소에 맞는 노력이냐 아니냐의 차이일 뿐이다. 제갈공명이나 송골매도 자기 능력에 맞는 때와 장소를 찾았기 때문에 성공했다. 그렇게 하면 큰 힘을 들이지 않고도 더 많이 수확할 수 있다.

3장

내 삶에
쉼표를
주어라

이것만큼만
함께 배울 수 있다면

●
내게 좋은 것이 다른 이에게는 좋지 않을
수도 있다는 것을 우리가 함께 배울 수만
있다면, 세상은 훨씬 더 행복해질 거야.
○ 윌리엄 글래서

누군가 웃을 때 다른 누군가가 울
어야 한다면, 누군가 울어야만 누군가 웃을 수 있는 사회
라면 정글보다 나을 것이 없다. 비록 내가 노력해서 이만
큼 웃고 있다고 해도, 우는 이를 향해 "전부 다 네 책임이
야"라고 비난하기는 어렵다.

순전히 자기 노력만으로 성공한 사람은 없다. 그
노력을 뒷받침해주는 사회 제도나 기회, 인연, 배경 등도

따라주어야 한다. 양식 있는 승자라면 당연히 내가 웃을 때 누군가 힘들 수도 있겠다고 생각한다. 그 책무감이 노블레스 오블리주이다.

1912년 4월 타이타닉호가 영국에서 미국 뉴욕으로 출항했다. 세계 최고의 호화로운 유람선답게 1등석에는 뉴욕 메이시스 백화점 소유자 등 백만장자들이 타고 있었다. 순항하던 배가 북대서양의 뉴펀들랜드 섬 근처에서 거대한 빙산을 만나 침몰했다. 그 상황에서 백만장자들은 구명보트를 사양하고 하인들과 아이들, 노인과 여인들을 태웠다. 백만장자들은 기꺼이 침몰하는 배와 함께했다.

이러한 노블레스 오블리주가 그나마 경쟁 사회를 지탱해주는 힘이다. 계몽주의 이후 인간의 기본 권리에 대한 의식이 고양돼 이런 문화가 확산된 것이다. 경쟁이 불가피하다면, 그래서 나름대로 노력해서 승자가 되었다면 패자들을 비하하지 말고 다시 일어서도록 도와야 한다. 그래야 세상이 살 만해질 것이 아닌가.

라흐마니노프의
피아노 협주곡 2번

●

내 삶에 의미가 있다는 것을 아는 것만큼
중요한 것은 없다.

○ 빅토르 에밀 프랑클

스스로 삶의 이유를 알면 어떤 어
려움도 이겨내지만, 그 이유를 모르면 아무리 좋은 일도
그다지 의미를 느끼지 못한다. 삶의 이유를 추구하면 심
리적 이완보다는 긴장이 된다. 삶의 의미가 주는 긴장은
무의미가 주는 허무보다 심리 건강에 훨씬 유익하다.

세르게이 라흐마니노프는 작곡가이면서 뛰어난
연주자였다. 그의 작품 중 피아노 협주곡 2번과 3번이

가장 유명하며, 3번은 역사상 연주가 가장 어려운 곡 중의 하나이다. 대중적으로 사랑받는 2번은 라흐마니노프가 23세에 첫 작품 교향곡 1번을 발표했으나 지휘자가 만취해 공연에 실패한 후 5년간 우울증에 빠져 있으며 내놓은 작품이다.

라흐마니노프는 우울했지만 작곡을 포기하지는 않았다. 그는 정신과 의사 니콜라이 달의 자기 암시 요법에 따라 '나는 새로운 작곡을 할 것이며 대성공할 것이다'라고 되뇌며 더욱 작곡에 몰두해 1901년 최고의 곡을 내놓았다. 더구나 이 곡을 라흐마니노프가 직접 연주했으며 기대 이상의 대성공을 거두었다. 그러나 1917년 러시아혁명이 일어나 라흐마니노프는 전 재산을 몰수당하고 가난하게 살다 미국으로 가야 했다.

이런 시련은 라흐마니노프가 어릴 때부터 줄곧 계속되었다. 어려서 몸도 아픈데 부모가 이혼했고 형제까지 일찍 죽었다. 그 후에 사랑했던 부인과도 사별하는 등 굴곡이 끊이지 않았다.

그런 가운데에서도 라흐마니노프는 연주야말로 삶의 유일한 낙이라고 여겼으며, 연주에 온갖 열정을 쏟아부었다. 아무리 아프고 괴로워도 살아가야 하는 이유를 연주에서 찾았던 것이다.

예술이라는 인생
최고의 선물

●
예술은 인생의 꿈을 해석(설명)한다.
○오토 랑크

●
음악은 감정을 흔들고 감정은 기억을 끄
집어낸다.
○올리버 색스

자기 기분 내키는 대로 마음껏 살
수 있는 사람이 몇이나 될까? 화가 나거나 웃음이 나와
도 참아야 할 때가 있고, 때로는 슬퍼도 같이 웃어야 할
때가 있다. 가정에서도 부모는 부모대로 자식은 자식대
로, 회사에서도 사장은 사장대로 직원은 직원대로 참아
야만 하는 것이 많다.

감정의 억압이 쌓이면 심리적 정체가 일어난다.

그럴 때 나타나는 신체적 증상이 위장 장애, 호흡 곤란, 면역력 저하 등이다. 그래서 심리적 정체를 어떤 형태로든 해소하는 것이 중요하다. 사람들이 소설이나 영화에 몰입하고 드라마를 보며 함께 울고 웃거나 운동에 열중하는 것도 답답한 마음을 해소하는 과정이다.

인생은 짧고 예술은 길다. 예술은 구석기 시대 알타미라 동굴에서부터 앞으로도 인류가 존속하는 한 영원할 것이다. 그에 비하면 인생은 찰나에 불과하다. 찰나를 살면서도 영원을 동경하는 것이 인간의 희망이며 동시에 절망이다. 이 역설이 모든 예술의 바탕에 깔려 있어 절망적일 때 불굴의 의지를 주고, 오만할 때는 자연스러운 겸허의 마음을 갖게 한다. 이것이 '아트 이펙트'이다.

빈센트 반 고흐는 온갖 역경을 지나며 이를 그림으로, 루트비히 판 베토벤은 선율로 승화시켰다. 두 사람뿐 아니라 위대한 예술 작품들은 인간의 모든 꿈이 은유적으로 담겨 있다. 특히 음악은 감성을 직접 건드리며 억압되어 있는 아련한 상흔을 어루만지고 치유해준다. 반려자를 잃고 힘들어하던 분이 우순실의 노래 〈잃어버린 우산〉을 들으며 활기를 찾았다는 고백을 들었다. 수학자이면서 철학자인 피타고라스는 만물의 근원을 수로 보고, 그 수의 조화가 극치를 이룬 것이 음악이라고 했다.

삶의 여유를
찾으려면

●

제일 바쁜 사람이 최고로 여유로운 시간
을 갖는다.

○ 알렉산드리아 피네

시간의 지배자가 되고 싶은가? 우
선 태만한 습관부터 고치고 일상적인 루틴을 잘 만들어
야 한다. 태만한 습관은 타성에 젖어 있기 때문에 생기는
것이다. 타성에 젖어 살면 삶에서도 별 의미를 찾지 못한
다. 더구나 삶의 의미는 적금처럼 쌓아두었다가 하나하
나 빼내어 쓸 수 있는 것이 아니다.

의미 없이 보내는 시간들은 어제가 오늘 같고 내

일도 오늘 같다. 그럴수록 하는 일도 없이, 시간은 많은데 마음만 초조해진다. 그런 세월이 더 흐르면 초조감마저 사라지고 만성화된 좌절감에 무기력한 삶을 살게 된다.

이런 태만을 어떻게 고칠까? 한 번 태만해지면 모든 것이 귀찮아진다. 습관을 고치는 데는 평균 두 달 정도 걸린다. 일상의 루틴을 잘 만들고 두 달가량을 그대로 하면 좋은 습관을 갖게 된다. 그렇게 해서 시간을 효율적으로 관리하면 훨씬 더 여유로움을 즐길 수 있고 정신적 물질적 풍요까지 누릴 기회가 다가온다.

인생의 풍요를 누리는 사람들을 보면 일상의 루틴이 잘 만들어져 있다. 결코 기분 내키는 대로 하지 않으며, 정열적으로 자기 운명을 만들어가기 때문에 외부의 간섭을 받지 않고 자기 삶의 여유를 부릴 수 있다. 삶이란 나아가는 것이지 멈추어 있는 것이 아니다.

태만하지 않고 내일로 나아갈 때 삶의 의미도 활기가 있다. 나아가기를 멈추면 삶의 의미도 멈춘다. 나아가는 사람은 시간을 관리한다. 반면에 태만한 사람은 무엇을 어떻게 해야 할지 고민에 빠져서 시간을 흘려보낸다. 그래서 바쁜 사람이 역설적으로 시간을 지배하며 여유로움을 즐길 수 있는 것이다.

공간을
넓게 써라

●

우리는 방바닥의 대부분이 걸리적거리지
않고 널찍할 때 편안함을 느낀다. 자유롭
게 이동할 수 있다는 생각 때문이다.

○ 마리아 몬테소리

과거의 관습이나 방법을 완전히
바꾸는 혁신적인 아이디어는 창의력에서 나온다. 혁신
하자고 외친다고 혁신이 일어나는 것은 아니고, 창의력
이 솟아나는 환경을 조성해야 한다. 글로벌 트렌드를 선
도하는 구글, 애플, 페이스북(메타), 아마존을 보자.

창의성을 동원하려면 열린 사고가 필요하다. 이
기업들은 사무실을 벽으로 구획하지 않고 열린 공간으

로 만들었다. 혁신은 통제가 아니라 소통에서 나온다. 위대한 발명은 폐쇄된 밀실에서 괴짜가 이루어낸다는 것은 하나의 편견이다. 그런 인물이 있다 해도 평소 광활한 환경에서 살면서 혁신적인 아이디어를 품고, 밀실 같은 데서 일시적으로 몰두했을 뿐이다.

넓고 높고 자연스러운 색상과 소재로 된 공간이 창의력을 더욱더 자극한다. 그래서 창의력이 생명인 기업들은 사무실 공간을 더 높고 더 크게 만든다.

그동안 대도시들은 하늘이 보이지 않게 차단하는 경쟁을 벌이듯 빌딩과 아파트 숲으로 가려놓았고, 땅 한 평도 아까워 다닥다닥 건축해놓았다. 한 푼이라도 더 많은 수익을 챙기려는 것이다. 꽉 막힌 공간에서는 기발한 창의성이 나오기 어렵다. 사회가 개인의 창의성을 가로막고 있는 것이다.

왜 광활한 공간에서 혁신적인 아이디어가 나올까? 자유롭게 다닐 수 있기 때문이다. 자유에는 책임이 따른다. 자유로울수록 사고가 날 가능성도 높지만 자기를 지키기 위해 여러 궁리를 하면서 창의성이 활발해지는 것이다.

창의력을 향상시키려면 우선 자신이 할 수 있는 일부터 하라. 집과 사무실의 바닥 공간부터 쓸모없는 물건은 정리하고 넓게 써라. 그리고 시간이 나는 대로 대자연을 호흡하러 가야 한다. 거기에서 호연지기가 나온다. 끝없는 지평선과 수평선에서 안목이 넓어지고 상상력이 뭉게구름처럼 피어난다.

대상 그 자체는
별 문제가 아니다

●

사물이 어떠한가보다 사물을 어떻게 보느
냐가 더 중요하다. 작더라도 내게 의미 있
는 것이 훨씬 크고 내게 별 의미가 없는
것보다 더 가치가 있다.

○카를 구스타프 융

어떤 인식이든 대상 그 자체만으
로는 이루어지지 않는다. 그 대상과 대상을 보는 주체의
의식이 합해진 결과가 인식이다. 폴 고갱의 밀밭과 장프
랑수아 밀레의 밀밭을 보라. 밀밭이라는 대상이 있고 화
가라는 주체가 있다. 주체의 관점에 따라 같은 밀의 모양
도 다르게 그려놓았지 않은가.

심리 테스트를 할 때는 같은 그림을 보여주고 어

떤 장면이 먼저 보이는지를 묻는다. 그에 따라 어떤 인식 구조 인지를 분별하려는 것이다. 그만큼 똑같은 대상도 보는 시각이 제각각이다.

어떤 일이나 무슨 말을 할 때도 마찬가지이이다. 기분 좋을 때라면 그냥 넘어갈 일도 안 좋을 때는 걸고 넘어진다. 조금 거슬리는 말도 듣는 사람이 유쾌할 때는 웃고 넘기지만 짜증이 나 있을 때는 참지 못한다.

여기 장미꽃과 호박꽃이 있다. 어떤 꽃이 더 아름다운가? 장미꽃은 매혹적이고 호박꽃은 못났다고 누가 정했는가? 장미는 가시가 많아 싫고 무난한 호박꽃이 더 좋다는 사람들도 있다. 세상의 가치 평가가 다 그렇다.

평균적으로 사람들이 무엇을 더 중요하게 여기느냐보다 나에게 어느 것이 의미 있느냐가 더 중요하다. 좋아하면 볼에 난 흉터도 보조개로 보이고, 미우면 보조개도 흠으로 보인다.

제 눈에
안경이다

●
어느 누구도 사람을 만날 때 무작위로 선택하지 않는다. 이미 자기 잠재의식에 있던 유형을 만난다.

○지그문트 프로이트

거리를 걷다가 만나는 무수한 사람들. 옷깃만 스쳐도 인연이라지만 그들과는 바람처럼 지나치고 만다. 하지만 우리는 누군가와는 깊이 만나며 삶의 한 시기를 보낸다. 그런 만남도 우연처럼 시작된 것으로 보인다.

그러나 우연히 시작된 인연도 서로 무의식인 호감이 교차하며 긴밀한 사이로 발전하는 것이다. 나도 모르게 좋아지는 기분이 무의식적인 호감이다. 이 감정은 쌍둥이로 함께 자랐어도 다르다.

당신이 만났던 많은 사람을 회고해보라. 그중 아직도 가까이 지내는 사람들은 누구인가? 누가 시키지 않아도 세월 따라 사람들과의 만남을 거듭하며 그저 스쳐 지나가는 사람, 일부러 멀리하는 사람, 가까이 하는 사람, 절친했다가도 어떤 오해로 헤어진 사람 등이 있을 것이다. 이런 일들은 우리 잠재의식 속의 선호도 때문에 일어난다.

선호도는 좋아하는 느낌의 정도이며, 이에 따라 선입견이 형성된다. 결국 서로의 선입견이 잘 맞으면 좋은 사이가 유지되고, 다르면 아무리 노력해도 쉽지 않다. 선호도 때문에 발생하는 선입견은 일단 형성되고 나면 어떤 일이나 대상을 직접 경험하지 않아도 마음속에 미리 가지고 있는 고정관념으로 작동한다.

또한 어떤 선입견이든 억압된 감정이나 생각이 많으면 그만큼 더 강해진다. 선입견이 생각의 도식schema, 즉 사고방식이 되어 자동으로 작동하는 것이다. 같은 선입견을 가진 사람이 모이면 곧 '집단 편견'이 된다.

선입견을 줄이려면 평소 감정과 의견의 적절한 발산과 해소가 필요하다. 또 어떤 대상을 대할 때 자동화된 느낌이 오면, '왜 이렇지'라고 의식적으로 자문해보는 습관을 가져야 한다. 그래야 선입견 탓에 좋은 사람을 멀리하거나 나쁜 사람을 가까이하는 실수를 줄일 수 있다.

같은 경험,
다른 느낌

> ●
> 경험만으로는 지식이 되지 않는다. 심리
> 적 사건은 모두 개인의 상태와 함께 환경
> 에 달려 있지만 상대적 중요성은 케이스
> 별로 다르다.
>
> ○ 쿠르트 레빈

지성인이 모인 단체라고 해서 꼭 지적인 것만은 아니며, 좋은 사람만 모인 모임이라도 집단 이기주의가 없는 것은 아니다. 서로 비슷한 경험을 해도 시각이 꼭 같지만은 않기 때문이다.

사람은 자극에 반응하는 존재이다. 따라서 성장 환경이나 학습 과정이 똑같아도 다른 반응을 하며 다른 기질이 된다. 동일한 자극에도 달리 반응하는 이유는 욕구가 다르기 때문이다. 욕구는 언제나 환상을 야기한다. 그 환상에 따라 반응의 강도와 방향에 차이가 나며, 그 차이가 곧 다른 심리적 자아를 형성한다.

여기 하루 동안 A, B, C 세 사람이 한 공간에서 거래처와 계약하고, 영업팀과 마케팅 계획을 세우고, 상사에게 보고하는 일을 함께 경험했다고 하자. A는 상사의 평가를 가장 예민하게 받아들였고, B는 고객 접대를, C는 거래처와의 계약을 상사에게 보고하는 일을 더 중요하게 느낀다. 이런 느낌의 차이가 곧 심리적 자아의 구성에도 영향을 끼친다. 같은 상황을 놓고 어떻게 보느냐에 따라 심리적 자아의 이미지가 달라진다는 것이다.

따라서 자기 멘탈을 강하게 하는 힘은 자신에게 있으며, 약하게 하는 것 역시 자신에게 있다. 자아에 대한 가장 좋은 양육자도 가장 나쁜 양육자도 자기 자신이다. 우리 운명은 이 두 양육자 중 내가 어느 것을 따르느냐에 따라 결정된다.

외롭지 않기
위하여

●
주위에 사람이 없다고 고독한 것이 아니
라, 내가 소중히 여기는 것들에 대해 공감
을 얻지 못해 고독하다.

○ 카를 구스타프 융

누구나 가끔은 혼자 있고 싶을 때
가 있지만 늘 그러라고 하면 못 견딘다. 어느 사회든 가
장 혹독한 처벌이 사형 다음으로 독방에 가두는 것이다.
사회적 단절은 심리적인 죽음에 이르는 길이다. 그래서
사람들이 도시로 몰려들고 시장으로, 콘서트장으로 몰
려들고 팬 카페로 몰려든다. 그렇게라도 혼자가 아니라
는 것을 확인하고 싶어서이다.

자연이 좋은 시골을 두고 굳이 북적거리는 대도시로 사람이 밀려드는 이유도 그렇다. 생업의 이유도 있지만 근본적으로는 인파 중에 내가 있다는 안도감 때문이다. 무리 속에 내가 있다는 것만으로도 물리적인 지근거리에서 오는 안도감을 누리는 것이다. 그렇지만 내면적인 교류에서 오는 만족은 얻지 못한다. 그것이 군중 속의 고독이다.

누구든 너무 잘난 체하면 인간미가 없어 매력을 잃는다. 오랜만에 만났는데 자기 말만 실컷 하고 일어서는 것도 실망을 준다. 인간의 존재론적 의사소통 매커니즘은 한 번 말하고 두 번 듣는 것이다. 입이 하나이고 귀가 둘이다.

내가 먼저 과시욕을 줄이고 그만큼 상대의 말을 듣고 다독여보라. 그동안 불편했던 사람도 만나기 편한 사람으로 변할 것이다. 인간에게는 공감 뉴런이 있기 때문이다.

지성보다 더 중요한
판단력

●

모든 능력이 탁월해도 판단력이 결여되면
어리석어진다. 다른 능력이 부족해도 판
단이 현명하면 결코 실패하지 않는다. 그
만큼 나머지 지적 능력은 판단력에 비해
중요성이 떨어진다.

○알프레드 비네

판단은 곧 선택으로 나타난다. 잘
못된 선택을 하면 노력할수록 더 나쁜 결과만 나온다. 선
택은 방향과 같다. 선택을 잘못하면 마치 미국으로 가야
하는데 멕시코로 가는 것과 같다.

흔히 인생은 성적순이 아니라고 말한다. 성적이
우수하다고 판단을 잘하는 것은 아니다. 우수한 성적은
제시된 정보 중에 질문자가 원하는 정답을 잘 골라내야

한다. 이와 달리 판단은 무작위의 정보 속에서 유익한 해답을 선택해야 한다. 판단을 잘하기 위해서는 분별력이 뒷받침되어야 한다.

분별력이 없으면 아무리 많은 지식도 쓰레기 더미가 된다. 정보가 홍수처럼 넘쳐나도 분별할 수 있어야 효과가 난다. 분별력 없는 정보 더미는 꽉 막힌 미로와 다름없다. 여기 뛰어난 검객이 있다고 하자. 그는 칼을 한 번 휘둘러 그 바람으로 촛불을 끄고, 날아오르는 참새도 베어낸다. 그런 검술이라도 제때 제대로 사용할 줄 모르면 망나니 춤에 불과하다.

다른 모든 능력, 이를테면 언변, 외모, 학습 능력, 재력, 친화력 등은 출중한데 판단력이 부족하면 어떻게 될까? 그 모든 능력이 바람직하지 않은 결과를 만드는 데 오용되기 쉽다. 인생은 성적순이 아니라 판단력 순서인 것이다. 학교 성적을 인생 성적으로, 잠재력을 역량답게 만드는 것이 판단력이다.

판단력을 기르려면 자기 성찰을 잘해야 한다. 그래야 충동적인 실수를 하지 않고 정확한 판단을 내린다. 자기 성찰을 '메타인지'라고도 하는데, 스스로 내 생각이 옳은지 그른지, 내 기준이 효과적인지 아닌지를 자주 살피도록 하자.

책임감이 곧
내적 자유이다

●
나를 책임진다는 것이 무엇인지 잘 알면
어떤 정신적 위기도 극복해낸다. 자기 책
임 의식이 진정한 내적 자유의 필수 조건
이라는 것이다.

○ 카렌 호나이

건물은 기반이 튼튼해야 오래 간
다. 인생도 책임감이라는 기반이 없으면 아무리 화려해
도 모래 위에 지은 건물처럼 쉽게 무너진다.

내 삶을 스스로 책임지는 존재가 되려면 우선 의
타적이지 않고 자주적이어야 한다. 삶이 의타적이면 자
기 존립에 외부 변수가 많아져 내가 의존해야 할 상대를
더 많이 고려하게 된다. 설령 그 상대가 잘못되어 있어도

자신의 존립을 위해 주관을 꺾고 따른다면 그만큼 정신적으로 황폐해진다.

내가 나를 책임진다는 것은 타인의 의도가 아닌 내 의도에서 나온 말과 행동을 하고, 그 결과가 좋든 나쁘든 기꺼이 받아들인다는 것이다. 그래야 내 의도가 적합한지를 가늠하고 수정하거나 강화한다.

이와 달리 타인의 의도만 따라가는 습관이 들면 주체적 의지가 약해지면서 자기 의도대로 결정하기를 꺼린다. 또 매사에 다른 사람에게 기대려 하고, 그동안 잘 해왔던 일조차도 망각하기 쉽다. 그 결과 인간 존엄성의 기반인 자기 책임이라는 자부심이 형편없이 약해진다. 그러면 정신적으로도 무너지기 쉽다.

어떤 일이든 도전하려고 해보라. 위기 앞에서도 구원자만 기다리기보다 스스로 돌파하거나 우회라도 하려고 해야 한다. 이는 심리적인 자유와 건강의 필수 조건이다.

변화력

●
우리가 호의적이며 유리한 변화를 추구할
때 직면하는 가장 큰 장애는 무엇일까?
자신에게 단순하고 지속적이며 독특한 실
존적 자아가 있다는 환상이다. 심리적 지
체의 늪에 빠진 사람들일수록 이런 기괴
한 환상을 주체적 사유재산으로 여기고
있다.

○ 허버트 해리 스택 설리번

세상에서 변하지 않는 것이 무엇
이랴. 살아 있는 모든 것은 언젠가 무기물로 변한다. 성장
한다는 것 자체부터가 변화이다. 정체하면 진부해진다.
어제 다르고 오늘 다르지 않으면 정체이다. 사람이 진부
해지면 식상해지고 어디를 가도 '꼰대' 취급을 받는다.

변신해야 참신한 맛이 난다. 변신의 적은 내 안
에 있다. '나는 어쩔 수가 없어', '내 한계는 이 정도일 뿐

이야'라고 자아를 규정하지 말라. 규정하면 스스로를 묶어두는 것이다. 자기 변신의 가장 큰 적은 화석화된 자아이다. '나라는 사람은 원래 그래'라는 기괴한 환상에 빠지지 말라.

자아는 나와 다른 실존이 아니라 나라는 실존이 세계에 대응하는 방식이다. 그 방식에 따라 자신에 대한 의식이나 관념, 즉 자아가 달라진다. 대응 방식을 달리하면 자아도 변신이 가능하고, 고정적이면 자아도 고정된다는 것이다.

자존감은 자아가 느끼는 감정이다. 자존감이 타인의 평가에 더 예민해지면 체면에 묶이게 된다. 자아가 고정될수록 체면에 민감해져, 체면 때문에 수치스러워하고 속상해하고 두문불출하기까지 한다. 체면으로 자신을 억압하는 강도가 강해지면 정신적 탈진이 온다.

변화는 변신이지 배반이 아니다. 변화가 배반이 아니라는 사실만 알아도 체면이라는 자기 환상 때문에 거짓말하고 괴로워하지 않는다.

누가 신뢰를
받는가

●
천재는 경탄을 받고 부자는 부러운 질시
를 받고 권력자는 공포의 대상이 된다. 인
격을 구비한 사람만이 신뢰를 받는다.
　　　　　　　　　　　○ 알프레트 아들러

　　　　　　　과거에는 왕은 물론 큰 부자나 천
재도 하늘이 내린 존재라 여기고 우러러보았다. 이제는
왕도 큰 부자나 천재도 어느 정도는 기회의 산물이라는
것을 알게 되었다. 왕이라고 부자라고 천재라고 단지 그
이유만으로 신뢰하지 않는다. 서로 경쟁하는 사회가 되
면서 권력과 부와 재능으로 압삽하고 악랄하게 이익을
챙기는 사람도 많아졌기 때문이다.

그나마 천재는 타인과의 경쟁보다 자신을 이겨
내는 것이 중요하지만, 부나 권력은 타인을 눌러야만 획
득할 수 있다. 한 사회의 부와 권력의 총량은 일정하기
때문에 누가 더 많이 가져가느냐의 싸움이 벌어진다.

　　한 분야에서 많이 가져가면 그만큼 다른 분야는
줄어든다. 그래서 내가 더 많이 가져가겠다고 부와 권력
을 향해 달려가며, 이를 달성하기만 하면 행복할 것이라
여긴다. 하지만 자신이 원하는 만큼의 부와 권력을 이룬
사람이 많지 않고, 이루었다고 해도 생각했던 만큼의 행
복과는 거리가 멀다.

　　사회는 관계이며 관계는 신뢰가 없으면 독이 된
다. 사회가 더 번영해졌지만 사람들이 더 고독해진 것은
이 때문이다. 특히 부와 권력을 얻는 과정에서 정당하지
못했다면 그만큼 자기 존중감도 적고 타인의 원망을 많
이 받는다. 아무리 많이 가졌어도 믿을 수 없는 사람이
되면 남는 것은 고독뿐이다. 부와 권력도 덕과 함께 추구
해야 자기 존중감과 타인의 신뢰를 잃지 않는다.

4장

언제나
용기를
내세요

절제력
그 자체가 축복

●

모든 욕구를 제한 없이 만족할 수만 있다면 매혹적인 삶으로 보이겠지만, 사실 그 자체가 이미 분별없는 쾌락이며 형벌인 것이다.

○ 지그문트 프로이트

　　　행복이라는 추상적인 기분을 우리 손안에 넣을 수 있을까? 가능하다. 영국 자유주의 사상가 존 스튜어트 밀은 인생의 목적을 행복으로 삼지 말고 삶 그 자체에 충실하면 행복이 동반된다고 말했다. 삶에 충실하면 행복은 저절로 수반된다는 뜻이다.

　　　충실한 삶은 곧 고급 쾌락이다. 저급 쾌락은 주로 먹고 마시고 자고 관능적인 욕망에 치우쳐 있다. 이런 욕구에 빠져 지내면 사고 능력을 기를 수 없기 때문에 생각도 없어지고 책임의식도 없어진다. 지상 최대의 권력을 휘둘렀던 고대 황제들은 욕구를 맘껏 발산할 수 있는 위치에 있었다. 이들에게 제일 필요한 것이 바로 절제였다.

중국의 가장 오래된 경전인 『상서尙書』에는 하나라, 은나라, 주나라 3대 왕조의 기록이 나온다. 책에서는 제왕 등에게 음주가무에 빠지는 것을 거듭해서 경고했다. 감각적 쾌락에 중독되면 이성적 판단을 하기 어렵다. 그 때문에 쾌락에 빠져 지내던 하나라 걸왕, 상나라 주왕이 정사를 돌보지 못해 제국을 망가뜨렸다.

욕망이라는 전차는 이성이라는 제어 장치 없이는 파멸로 가는 질주를 멈출 수 없다. 그래서 존 스튜어트 밀은 배부른 돼지보다 배고픈 소크라테스가 낫다며 고급 쾌락의 즐거움을 누리라고 권했다. 배움의 즐거움은 인간을 질적으로 향상시킬 뿐 아니라 지적 감각을 풍성하게 해줘 사람을 품위 있게 만든다.

현실을 제대로 알려면

●

세상의 실체를 발견하고 싶은가? 개인적 호감과 반감을 내려놓고 그만큼 낮아져라. 그러면 세상이 제대로 보일 것이다.

○ 지그문트 프로이트

'아, 그때는 왜 몰랐을까.' 지난 세월에 만났던 사람이나 기회들을 찬찬히 돌아보라. 이제 와서 보니 정말 좋은 사람이었고 참 좋은 기회였는데, 그때는 별로라고 판단해 그냥 떠나보냈다. 그때는 그만큼 세상 보는 눈이 미숙했던 것이다. 지금은 살아오며 여러 일을 겪고 그만큼 눈이 더 떠졌다. 내가 그때와 달라졌다는 얘기다. 내가 달라지면 같은 것도 달리 보인다.

이처럼 보이는 것과 실체는 다르다. 세상은 거기에 있고, 나는 여기에 있다. 거기의 실체는 여기의 시각과 청각 등 오감으로 왜곡되거나 과장 또는 축소되기 십상이다. 오감은 각자의 선호에 따라 다른 느낌으로 의식된다. 우리의 의식은 뇌와 신체의 상호작용으로 발생하는데, 선호도는 뇌의 역할이고 오감은 신체의 역할이다.

우리의 느낌이 객관적이려면 가능한 한 호감과 반감 없이 보려고 해야 한다. 그렇지 않기 때문에 절호의 기회와 좋은 사람을 놓칠 때가 많은 것이다. 개인의 호불호를 내려놓고 대상을 보려고 노력해야 훗날 '그때는 왜 몰랐을까? 내가 뭔가에 씌었나 보다'라고 한탄하지 않는다.

세상의 진실은 자신의 호감과 반감을 내려놓은 사람에게만 보인다. 나는 무엇을 좋아하고 싫어하는가 하는 감정으로 보면 상대의 실체를 왜곡하게 된다. 우리가 착각하는 까닭은 언제나 겉모습에 취해서가 아니라 내 호감이나 반감에 취했기 때문이다.

언제든 자꾸자꾸
희망하라

●
인간은 희망하는 한 어떤 상황이라도 견
뎌낼 수 있다. 아무리 신경질적으로 힘겹
고 혼돈스러워 절망감이 크다고 해도.
○ 카렌 호나이

오귀스트 로댕은 인간의 고뇌를
형상화한 〈생각하는 사람〉을 조각해 불후의 예술가가
되었다. 인간은 어떤 상황에 놓인 존재이면서 동시에 그
상황을 새롭게 만들어가는 존재이다. 인간은 자기 의지
와 관계없이 어떤 부모에게서 태어났다. 태어날 때부터
숙명적으로 어떤 상황에 놓인 것이다.
    이처럼 미리 조성된 상황이지만 다른 상황과 조

우해 새로운 상황을 만들어가고, 또 우연과 같은 상황에 다시 놓인다. 그럴 때마다 우리는 상황에 따르거나 주도적으로 어떤 상황을 만들어간다. 이런 상황의 역설이 인간의 운명이다. 신들의 노여움을 사 바위를 산꼭대기로 밀어 올리는 벌을 받았다는 시시포스의 신화처럼 이 운명이 필연적으로 사람을 생각하는 실존으로 만든다.

상황이 최고이든 최악이든 예기치 않게 놓이는 상황 때문에 인간에게는 삶의 고뇌와 환희가 동반한다. 물론 고뇌하든 환희하든 어떤 방향으로 하느냐가 중요하다. 지금보다 더 좋아지리라는 소망을 가지면 자신감이 생기고, 더 좋아지기는 어렵다고 보면 의기소침해진다. 자꾸 절망감이 스밀 때면 '내일 지구에 종말이 와도 오늘 나는 사과나무 한 그루를 심겠다'고 한 바뤼흐 스피노자의 의지를 상기해두자.

실수의
이점

●

따지고 보면 실수가 진리를 발견하는 기반이 된다. 무엇이 원리인지 몰랐던 사람이 원리가 아닌 것을 알아간다면 그만큼 원리에 가까워지는 것이다.

○ 카를 구스타프 융

발명왕 토머스 에디슨의 특허권은 무려 1093개이다. 그는 특허권만큼이나 명언도 많이 남겼다. '실패는 성공의 어머니다', '세상에 우연으로 만들어지는 것은 없다', '1퍼센트의 영감과 99퍼센트의 노력이 천재를 만든다' 등등.

많이 알려진 것처럼 에디슨의 지능지수는 그다지 높지 않았다. 그 대신 통찰력과 상상력이 풍부했다.

그는 학교의 틀에 박힌 교육에 적응하지 못했으며, 전신기사 견습생 등의 일을 하면서 발명에 매달렸다. 실패에 실패를 거듭하면서도 그는 연구하는 것을 즐거워했다. 전구는 무려 3000번의 실패 끝에 발명했다.

누군가 에디슨에게 그렇게 수많은 실패를 어떻게 이겨냈느냐고 묻자 이렇게 대답했다. "난 실패한 적이 없어요, 단지 그렇게 해서는 안 된다는 교훈을 3000가지 얻었을 뿐이죠." 그런 과정을 거치며 역사상 최고의 발명가가 탄생한 것이다.

성공의 경험 못지않게 실패의 경험도 중요하다. 그는 실패의 경험을 통해 학습을 쌓았고 더 나은 방식을 찾아갔다. 에디슨에게는 실패가 성공의 어머니가 된 것이다. 실패해도 포기하지만 않는다면 실패야말로 새로운 기회의 문을 여는 열쇠이다.

지나간 것은
지나간 대로

●
어떤 일이든 벌어진 일은 받아들이자. 그
것이 극복해가는 첫 단계이다. 무슨 잘못
이 있다 해도 전율할 만큼 엄숙해할 일은
아니다. 세상을 살다 보면 아무리 주의를
기울여도 그런 일들도 일어나기 쉬우니
지나치게 초조해하기보다 가볍게 마음먹
는 것이 훨씬 더 건강에 좋다.
○ 윌리엄 제임스

이미 마루에 엎질러진 우유인데
울면 뭐하겠는가. 깨끗이 닦아내고 다시는 엎지르지 않
도록 하면 된다. 되돌릴 수 없는데도 자꾸 후회하는 까닭
은 매몰 비용 때문이다. '내가 투자한 돈이 얼마이고, 내
가 쏟은 정성이 얼마인데' 하는 마음으로 후회한다. 하지
만 회수가 불가능한 매몰 비용이라면 빨리 잊어버리는
것이 감정도 재물도 시간도 덜 소모하는 길이다.

자꾸 후회하면 주변에서 더 후회하도록 부추기는 일까지 생긴다. 그러면 후회가 습관이 되어 입만 열면 한숨을 내쉬게 된다. 남이 뒤처져야 내가 앞서는 세상에서는 뒤처진 사람을 일으켜주는 사람이 드물다. 작은 꼬투리만 잡아도 침소봉대해서 큰 잘못인 것처럼 만들려고 한다. 웃고 지날 일도 천하의 악당처럼 묘사해 사방에서 손가락질을 당하게 한다.

오늘날은 도덕적 엄숙주의가 조선 사회보다 더 심해졌다. 옛날에는 옷깃만 스쳐도 인연이라고 했지만, 지금은 다르다. 잘못 스쳤다가는 파렴치범으로 몰리기 십상이다.

살다 보면 고의가 아니더라도 결과적으로 실수가 되는 때도 있다. 그럴 때면 주위에서 벌떼처럼 일어나 역적이라도 된 양 비난하기도 하는데, 자신만큼은 과하게 자책해서는 안 된다. 선의였지만 실수한 만큼은 받아들이되 엎질러진 우유처럼 그러려니 해야 한다. 그러면 아무리 강한 돌풍도 곧 잦아들게 마련이다.

세상은 넓고
할 일은 많으니

●

세상이 넓으니 이를 추진력으로 삼는다면
굳이 불화에 끌려다니며 인생을 낭비하지
않는다.

○ 조지 허버트 미드

'이 일밖에 할 일이 없어.' 정말 그
렇게 생각한다면 인생을 바쳐서라도 그 일만 해야 한다.
'나에게는 당신 말고는 아무도 없어.' 정말 그렇다면 내
실존 여부가 오직 그 사람에게만 달려 있는 것이다. 정서
적으로 또는 문학적 수사로도 이런 말들을 얼마든지 사
용할 수는 있다. 하지만 어디까지나 인간미 넘치는 차원
에서 그쳐야 한다.

조금만 시야를 넓히면 세상이 훨씬 더 많이 보인다. 세상은 넓고 할 일도 많다. 이 일 아니면 아무 일도 못할 것 같지만 얼마든지 다른 일을 찾아서 해낼 수 있다.

우리가 체감을 못해서 그렇지 세상에는 사람이 많고 많으며, 그중에 나와 어울릴 사람도 많이 있다. 지금은 이 사람 아니면 못 살 것 같지만, 이 사람이 떠나도 충분히 홀로 설 수 있다. 뿐만 아니라 헤어진 이와는 전혀 다른 색다른 매력을 가진 사람과도 만나게 된다.

중요한 것은 이 일과 이 사람밖에 없다는 고정관념을 버리는 것이다. 그래야 새로운 세계에 마음의 문이 열린다. 우물 안에서 개구리가 튀어나오지 않는 한 넓은 세계를 만날 도리가 없다. 개구리가 우물 안에서 나와야 산과 바다, 논과 밭, 강과 들을 볼 것 아닌가. 물론 전갈과 뱀들의 위험도 있지만, 그런 위험쯤은 감수해도 좋을 만큼 세상은 넓고 할 일은 많다.

눈으로 보는 세상,
뇌로 보는 세상

●
우리는 세상을 볼 때 눈으로도 보지만 뇌
로도 본다. 이것이 상상이다.
○ 올리버 색스

우리는 무엇으로 보고 어떻게 해
석할까? 눈으로 보고 뇌로 해석한다. 저기 사물이 있고
여기 우리의 눈이 있다. 눈은 사물을 감지해서 뇌로 보내
는 경유 기관이다. 뇌에서는 사물이 아니라 사물에 대한
인상이 확정된다. 사물과 눈에는 감성이 없지만 뇌에는
감성이 있다. 이를 가슴이라고 표현하기도 한다. 우리의
가슴과 사물이 융합한 결과가 인상인 것이다.

사물과 인상의 차이는 바로 자기감정의 차이이다. 이런 차이를 줄이려면 '무엇을 보는가'를 '어떻게 보는가'로 자문해보아야 한다.

겨울철 독감이 유행할 때 지하철에서 어떤 사람이 기침을 하며 어쩔 줄 몰라 했다. 이를 보고 누군가는 '민폐 끼친다'며 투덜거렸고, 한 아주머니는 '얼마나 힘들까'라고 안타까워했다. 보이는 게 다가 아니다. 어떻게 보느냐가 더 중요하다.

기왕이면 우리는 남에게 잘 보여주려고 한다. 그럴 때도 무조건 잘 보여주려고 하기보다 어떻게 보여주어야 할지를 고려해야 한다. 내가 잘 보여주고 싶은 상대가 어떤 스타일을 좋아하는지를 생각하라는 것이다. 그런 생각 없이 다들 좋아한다고 해서 준비했는데, 하필 그 사람만 싫어할 수도 있다.

보이는 것만큼이나 보여주는 것도 역시 다가 아니다. 객관적 실제에 부과된 개인의 상상이 곧 인상이기 때문에 그 상상에 부합하게 보여주어야 효과가 있다. 개인이 어떻게 상상하느냐에 따라 외부 대상이 다르게 해석되는 것이다. 보통 상상은 갈망에서 비롯된 집중에서 나온다. 갈망하면 더 집중하게 되고, 집중하는 만큼 상상도 하게 된다.

노이로제는
영혼의 고통

●
노이로제는 궁극적으로 삶의 의미를 발견
하지 못한 영혼의 고통으로 이해해야 한
다.

○ 카를 구스타프 융

"아유, 그만 좀 해라. 듣는 나까지
노이로제 걸리겠다." 이미 다 끝난 일인데도 자꾸 언급
하거나 관심 가져도 소용없는 일을 집요하게 거론할 때
자주 하는 말이다. 노이로제의 증세 중 하나가 강박이며
우울증, 공포감, 불안증 등을 동반하기도 한다.

불안하니까 어떤 것에 더 강박증을 보이는 것이
다. 그래도 망각증이나 환각은 없으며 일상에서 누구나

가끔씩 경험하고 지나간다. 스트레스를 줄이고 긍정적인 태도를 지니면 노이로제를 줄이는 데 효과가 있다. 하지만 삶이란 늘 긍정과 부정이 교차하기 때문에 근원적인 대책이 아니다.

노이로제를 마음대로 관리하려면 왜 우리가 지난 일에, 왜 의미 없는 일에 관심을 갖는가를 이해하면 된다. 왜 우리는 지난 일에 연연해할까? 심리적 에너지가 자꾸만 과거로 향하기 때문이다.

갈 길이 바쁜 사람은 뒤돌아보지 않는 법이다. 이은상의 시처럼 우리는 '고지가 바로 저긴데 예서 말 수는' 없으며, 로버트 프로스트의 시처럼 우리에게는 '잠들기 전에 가야 할 몇 마일이 남아 있다'.

나에게 아직도 해야 할 일이 있으며, 가야 할 곳이 있다면 어떤 경우에도 노이로제에 짓눌리지 않는다. 그러니 일부러라도 할 일과 갈 곳을 만들어라. 만약 몸이 말을 안 들으면 그 일과 그곳을 상상이라도 하라.

어떤 경험을 했느냐보다
그 경험을 어떻게 보느냐가 더 중요하다

●
과거의 경험만이 우리 미래를 결정하는
것은 아니다. 현재 내가 그 경험을 어떻게
생각하느냐가 결정한다.
○ 알프레트 아들러

에이브러햄 링컨은 나이가 마흔
이 넘으면 자기 얼굴에 책임을 져야 한다고 말했다. 그
나이 정도 되면 과거 탓, 환경 탓을 하지 말라는 것이다.
'과거에 부모가 이렇게 해주었더라면', '좋은 선생을 만
났더라면', '그 친구만 만나지 않았더라면', '그 일만 없
었어도'……. 이런 회한에 빠져 굳은 얼굴을 하고 다니면
누가 좋아하겠는가.

컵에 물이 절반 남았을 때도, 부정적인 사람은 물이 별로 없다고 보지만 긍정적인 사람은 물이 절반이나 있다고 생각한다. 세상일들은 어떻게 마음먹느냐가 중요하다. 인생이나 일, 타인과 자신을 어떤 마음으로 보느냐에 따라 의미가 달라진다.

옛 어른들은 자녀들이 나쁜 마음을 품지 않도록 항상 '네가 마음을 좋게 써라'라고 다독였다. 어떤 일이 내 의지와 관계없이 생길 수는 있지만, 그 일에 대한 태도만큼은 내가 결정하는 것이다. 이것이 인간의 자유 의지이다.

당신은 집안일이나 회사 업무, 또는 개인적 과제를 어떻게 보고 있는가? 귀찮게 보면 한없이 게을러지고, 나름대로 흥미롭다고 보면 없던 의욕도 생겨나는 것이다. 인생에서 어떤 경험을 했느냐, 타고난 성향은 무엇이냐, 지금 환경이 어떠냐보다 더 중요한 것은 이것들을 주관적으로 어떻게 평가하느냐이다.

이미지는
현재이다

●

이미지는 과거가 아닌 현재이다. 이미지
를 순차적으로 배열하는 것을 우리는 정
신적 과정이라 부른다.

○ 조지 허버트 미드

　　　　　이 세상에 태어난 이후 우리는 수
많은 일을 경험해왔다. 그 일들은 하나의 이미지로 우리
내면에 켜켜이 쌓여 간다. 어떤 것은 보다 강력하게, 어
떤 것은 망각이라고 해도 될 만큼 아주 희미하게 남아
있다. 이 이미지들은 물론 실체가 아니라 심상心象이라
한다. 마음에 남아 있는 영상이라는 뜻이다.

　　　사람의 심리를 이해하려면 그 사람의 심상을 알

아야 하고, 집단의 심리를 알려면 그 집단이 함께 겪으며 남게 된 집단의 심상을 알아야 한다. 이런 심상들은 모두가 바로 지금 이 순간으로부터 과거로 거슬러 올라가며 역으로 누적된 것들이지만, 현재의 정서에 영향을 주고 미래를 지향한다.

우리는 이런 심상들에 무조건 끌려만 가는 수동적 존재일까? 아무래도 그런 경향이 있다. 인간의 뇌는 새로운 아이디어를 골치 아파한다. 바로 이것 때문에 참신한 아이디어도 이해하려고 하지 않는다.

평소에 자신의 뇌를 의도적으로라도 사색하려는 버릇을 들이도록 하자. 그렇게 하지 않으면 우리는 자동인형에 불과해진다. 우리가 의도적인 사색을 통해 우리 안의 심상을 재배열할 수 있다는 것이 얼마나 다행인가. 이러한 정신적 과정을 통해서 우리는 자신의 자아를 일방적 주입에 끌려다니지 않는 주체적 자아로 구성해 나갈 여지가 있다.

몸과 뇌,
그리고 마음

●

육체 없는 마음과 같은 것은 없다. 마음이
뇌에 착상되어 있고, 뇌는 신체에 착상되
어 있다.

○ 헤르만 에빙하우스

느낌, 감각, 관념 등은 일어났다
사라지고 또 일어나기를 반복한다. 사라지는 것 같지만
존재하고, 존재하는 것 같지만 사라진다. 그 자체가 신체
에 의존하기 때문이다. 신체 없이 느낌, 감각, 관념은 없
다. 로마의 시인 데키무스 유니우스 유베날리스가 '건강
한 육체에 건강한 정신이 깃든다'고 노래한 것처럼 어떤
경우에도 신체 따로 생각 따로가 아니다.

인간의 대뇌피질은 운동을 조절하고 감각을 수용한다. 우리 몸의 0.5퍼센트인 손은 이 대뇌피질의 3분의 1을 차지한다. 그만큼 뇌와 손은 밀접하게 연관되어 있다. 우리는 손가락 열 개로 집도 짓지만, 악기 연주 등 섬세한 일도 해낸다. 인간이 직립 보행한 후 손을 자유자재로 사용하면서부터 뇌가 더 커졌으며, 고차원적인 통찰력과 창의력이 가능해졌다.

인간의 뇌는 어떤 일을 하느냐에 따라 달라진다. 효율성을 위해 뇌가 그 일에 적합하도록 변하는 것이다. 너무 한 가지에만 치우친 일, 즉 역할 분화가 지나치게 세밀한 부분만 집중하다 보면 뇌의 전체 역량은 위축되기 쉽다.

감정도 마찬가지이다. 문학이나 영화, 미술, 음악 등 예술을 즐길 때도 희로애락을 골고루 느끼도록 분배하는 것이 바람직하다. 운동도 전신을 사용하도록 하고 걸을 때 앞, 뒤, 옆 골고루 해야 더 좋다.

약할 때가 곧
강해지는 때

●
그대의 힘은 그대의 취약성에서 나오는
것이다.

○ 지그문트 프로이트

인간은 자기 초월의 욕구가 있다.
지금의 나보다 더 나은 내가 되고 싶다는 것이다. 날고 싶
다는 욕구로 공중에 나는 새를 보고 비행기를 만들었고,
바다를 건너려는 욕구로 물고기를 보고 배를 만들었다.
   찰스 다윈은 자연의 원리를 알기 위해 일생을 바
쳤다. 그는 40년 동안 지렁이를 관찰하고 '자연의 쟁기'
라 불렀다. 연약한 지렁이가 굳은 땅을 헤집는 덕분에 공

기가 들어가 비옥한 부식토로 변하며, 식물이 잘 자랄 수 있게 된다.

사람은 결핍이 있을 때 필사적으로 노력한다. 춥고 배고프면 생존 본능으로 움직이고, 뭔가 궁금하면 지적 허기를 채우려고 한다. 그런데 노력으로 성과를 거둔 후에 종종 나락으로 떨어지는 사람들이 있다. 성공한 자신을 과시하려는 것 때문이다. 과시라는 것은 결국 내가 너희들보다 강하다는 표시이다. 이런 과시 욕구가 강해지면 역으로 자기 계발의 욕구는 약해진다.

성공가도를 달리면서도 이런 실책을 범하지 않으려면 어떻게 해야 할까? 2002년 월드컵 때 거스 히딩크 감독이 한 말을 기억해두라. 한국 축구 대표팀 감독을 맡아 16강에 오르는 쾌거를 올린 후에 히딩크는 이렇게 말했다. "나는 아직 배고프다." 그런 헝그리 정신으로 대표팀과 자신을 단속하며 4강에 올랐다.

아무리 성공했어도 '이 정도면 다 이루었다'가 아니라 '아직도 내가 더 이루어야 할 것이 많다'는 사실을 잊지 말자.

자기 통합을
이루려면

●
온전함은 자기 존재의 일부를 단절해야만
이루어지는 것이 아니라, 상반되는 것을
통합함으로써 이루어진다.
○ 카를 구스타프 융

　　자기 관리가 잘 되어 있는 사람들
을 보면, 누구와도 잘 어울리면서도 자신의 목표를 이루
어낸다. 이들도 성격이 다 좋지만은 않지만 그런 자신의
성격을 관리할 줄 안다.
　　어떤 누구도 완벽하게 좋은 성격이나 완전히 나
쁜 성격은 없다. 여러 성격이 혼재해 있다는 뜻이다. 화를
잘 내지만 따뜻한 사람이 있고, 온유하면서도 냉정한 사

람도 있다. 본래 외향적인 사람이 대범한 경우가 많은데, 외향적이면서 소심한 사람도 있고 내성적이면서 대범한 사람도 있다. 성격이 까칠하면 남과 어울리기 힘들지만 까칠한 맛으로 남들과 더 잘 어울리는 사람들도 있다.

자신의 기질 중에 이것은 나쁘다고 하지 말고, 그 기질의 장점을 살리고 단점은 보완하면 된다. 모든 성격은 나름대로 장단점이 다 있다. 특히 과학이나 예술 등 파고들어 가야 하는 분야에서는 자기 기질대로 밀어붙여 크게 성공한 사람이 많다. 우리가 결함이라고 보는 어떤 성격도 사실은 인간적인 편견인 경우가 많아 얼마든지 더 좋은 방향으로 작용하게 할 수 있다

그런데 한 가지 조건이 있다. 세상에서 뭐라고 하든 자기혐오에 빠지지는 않아야 한다. 그래야 내가 그 성격에 소유당하지 않고 소유하게 된다. 테슬라의 회장 일론 머스크는 소시오패스 기질이 있다고 의심할 만큼 까다로운 성격이지만, 천재적 기질을 발휘해 최고의 첨단 기업을 이루어냈다.

5장

스스로
치유하기

내가 나를
존경해야 한다

●

나 자신을 사랑하려면 먼저 내가 나에게
존경받도록 행동해야 한다.

○ 빈 얄롬

'네가 나를 모르는데 난들 너를
알겠느냐.' 김국환의 노래 〈타타타〉에 나오는 가사이다.
이 노래를 여러 번 들었지만 무슨 까닭인지 나는 이렇게
기억했다. '나도 나를 모르는데 넌들 나를 알겠느냐.' 나
자신에 대한 고민이 많던 시절이라 그랬으리라.

인간의 재능과 기질을 분류해 측정하려는 시도
가 많지만 쉽지 않다. 인간은 기계가 아니고 유기체라서

변해가기 때문이기도 하고, 의식적 결단의 주체로 나름대로 가치를 추구하는 존재이기에 더욱 그렇다. 이런 전재를 기반으로 존경이 나온다.

당신은 자신을 사랑하는가? 대부분 그렇다고 하겠지만 막상 자세히 들여다보면 자신에게 해로운 짓을 하는 경우가 많다. 그러면 스스로를 존경할 수 없어 자신에게 진정으로 도움이 되는 일을 하기를 힘들어한다.

자기 존경이라는 정서는 매우 미묘하다. 사랑하고 존경하면 소중하게 대하지만 사랑한다면서도 존경하지 않으면 충동적이고 방편적으로 대하기 쉽다. 존경이 가치에 대한 경외이기 때문이다.

자기를 지키려는 것, 즉 자기애는 본능적이다. 여기에 자기 존중이 있어야 자기 학대를 하지 않는다. 자기 존중은 가치 있는 일을 하고 있다는 자부심에서 나오며, 그런 자부심으로 자신에 대한 분별력 있는 사랑을 하게 된다.

교훈적 분석이
곧 치료이다

●

교훈적인 바른 분석과 온전한 치료제가
그다지 다르지 않다.

○ 오토 랑크

      우리는 의식하든 의식하지 않든
매일 심리적 상처와 치료를 경험하며 살고 있다. 매일 우
리가 수많은 바이러스를 접하지만 자가 면역력으로 치
유되는 것과 같다.

      삶이란 변화의 물결에 적응해가는 과정으로, 때
로는 광풍이 불기도 하고 암초를 만나기도 한다. 갑작스
런 실직이나 사업 실패, 이별, 불합격 등을 당해도 우리

는 다만 잘 적응해 나가는 수밖에 없다. 물론 삶이 힘들기만 한 것은 아니다. 결혼이나 출산, 승진 등 기분 좋은 일들도 있다.

살아가면서 다양한 변화는 누구나 겪는다. 그러나 반응은 각기 다르다. 간절하게 바라던 시험에 함께 불합격한 두 친구가 있었다. 한 친구는 그 후 실의에 빠져 지내다가 한탕을 노리는 범죄를 저질렀다. 다른 친구는 시험을 준비할 때보다 더 열정적으로 사업을 벌여 대성했다. 똑같이 인생의 암초를 만났지만 어떻게 대응하느냐에 따라 다른 운명을 만들어낸 것이다.

두 친구의 차이는 인생을 보는 관점을 어떻게 관리하느냐의 차이이다. 그런 교훈이 노자, 장자, 아리스토텔레스 등이 남긴 역사적 명저에 가득하다.

의미는
정하기 나름

●
의미는 상황이 결정하는 것이 아니라 우
리가 상황에 의미를 부여하는 것이다.
○ 알프레트 아들러

삶은 단순하다. 우리가 힘들 때면 '내 삶은 왜 이리 복잡할까?'라고 생각하기 쉽지만, 지나고 보면 내가 나를 복잡하게 만들었을 뿐 삶이란 단순하다는 것을 알게 된다. 하루하루가 모여 1년이 되고 1년이 모여 일생이 된다.

하루를 보라. 누구나 습관처럼 반복하는 일상이다. 아침이면 일어나고 저녁이면 잔다. 그 안에서 밥도 먹고 일을 한다. 모두가 이러한 일상의 범주 안에 있지만 어떻게 보느냐는 각자의 마음먹기에 달려 있다. 날마다 똑같이 동쪽에서 떠서 서쪽으로 지는 해도 지겹다고 보면 지겨운 것이고, 매일같이 새롭다고 보면 신선한 것이다.

한자리에서 같은 음식을 먹고 공연을 관람하면서도 전혀 다른 기분을 가질 수 있다. 마음이라는 거울 때문이다. 이 마음의 거울은 보통 거울과는 다르다.

보통 거울은 사물을 그대로 비추지만 마음이라는 거울은 사물에 좋다, 나쁘다, 예쁘다, 밉다, 사랑스럽다, 귀엽다, 혐오스럽다, 멋지다 흉악하다 등으로 의미를 부여한다. 이런 의미는 사실상 대상과는 아무 관계가 없다. 하지만 우리는 그런 식으로 속성을 부여하는 것이다. 그래서 같은 대상을 두고도 각자 다른 마음을 갖는다.

새들의 지저귀는 소리도 내가 슬프면 우는 소리로 들리고, 내가 기쁘면 노랫소리로 들린다. 대상을 대상 그대로 보려면 대상을 보는 마음이 우선 청정해야 한다.

내 안에
답이 있다

●

우리는 자기 배의 선장이 되어야만 스스로 문제를 해결할 수 있다. 우스꽝스럽게도 이 사실을 지속적으로 의심하는 사람이 많다. 그러면 그럴수록 암초에 걸린 난파선처럼 자기 문제에 소모되며 고통을 겪는다.

○ 허버트 해리 스택 설리번

우리는 각자 인생이라는 바다에서 자기라는 배를 타고 항해하고 있다. 자기라는 배의 키는 내가 쥐고 있어야 한다. 그래야 내가 원하는 방향으로 갈 수 있다. 바다가 그렇듯 삶도 고요할 때도 있고 풍랑이 거셀 때도 있지만, 내가 키를 쥐고 가야 악조건도 견뎌내며 지혜를 터득한다.

그럼에도 자신이 선장이라는 사실을 잊고 타인

에게 배의 키를 맡기는 사람이 많다. 타인이 항해해주면 우선은 편하지만 자생력이 약해져 스스로 할 줄 아는 것이 점점 없어진다. 외부 변수에 대한 대처 능력이 떨어지는 만큼 자신의 가치를 의심하며 자기 연민 속에 더 함몰하게 된다.

자기 배의 키를 확실히 쥔 사람들에게는 특징이 있다. 첫째, 내 배가 다른 배와 충돌하지 않도록 공동의 룰을 지키며 방향을 조절할 줄 안다. 둘째, 환경의 변화를 잘 활용하며 능률적으로 행동한다. 셋째, 힘든 여건에 놓여도 자족하며 스스로 분위기를 유쾌하게 만들 줄 안다.

이런 태도는 자기 인생의 선장이 자신이라고 여기기 때문에 나오는 것이다. 내 배의 선장이 곧 나라는 주인의식을 갖자. 그래야 자기 삶을 어떻게든 건강하게 꾸려 나갈 수 있다.

삶에 만족하는
방법

●
원하는 것을 갖지 못할 바에는 이미 가지
고 있는 것을 원해야 한다.
○지그문트 프로이트

　　　세상에 자기가 원하는 것을 다 가
진 사람이 어디 있으랴. 없을 때는 조금만 더 있으면 원
이 없겠다고 했다가, 조금 있으면 더 많이 가지고 싶고,
더 많이 가지면 나라를 가지고 싶고, 나라를 가지면 세
계를 가지고 싶고……. 끝이 없는 것이 사람의 욕심이다.
그런 심리 때문에 내 손에 쥔 떡보다 남의 손에 든 떡이
커 보인다.

개 한 마리가 고기 한 덩어리를 입에 물고 개울을 건너다가 물을 쳐다보았다. 물속에 고기를 물고 있는 개를 보고 빼앗으려고 덤벼들었다. 그때 입에 물고 있던 고기가 물속으로 떨어져 물결에 떠내려가고 말았다. 이솝이 내게 있는 것을 귀하게 여기지 않고 남의 것만 탐내는 사람들을 비유적으로 표현한 이야기이다.

내 것이 좋은데도 남의 것이 더 커 보이는 까닭은 기왕이면 내 것이 남의 것보다 월등하기를 원하는 마음 때문이다. 그래서 내 것은 장점보다 단점이 커 보이고, 남의 것은 단점보다 장점이 두드러져 보이기도 한다. 사실 그보다 더 근본적인 이유는 내 것은 내 것이고, 남의 것까지 내 것으로 만들려는 바로 욕심 때문이다.

내 것을 소홀히 하고 다른 것을 부러워해봐야 아무 도움이 안 된다. 도리어 서로 상처만 받고 움츠러들기만 한다. 나에게는 내 가족, 내 자녀, 내 직업이 최고이지 다른 사람의 가족이나 자녀 직업이 아무리 좋다 한들 별 도움이 안 된다.

내 것도 다른 이의 것에 비해 좋은 면이 많다. 그것을 즐거워해야지 다른 것만 부러워하다가는 가지고 있는 것까지 놓친다.

헛똑똑이

●
아무리 똑똑해도 자기인식과 감정 조절이
부족하다면 공감력이 떨어진다. 그러면
효과적인 관계를 맺지 못해 더 이상 성장
하기 어렵다.

○ 대니얼 골먼

'저 사람은 꼭 성공할 거야.' 그런
기대를 한 몸에 받았던 사람도 감정 조절이 서투르면 두
각을 나타내지 못한다. 세상은 관계이다. 너와 나, 나와
그것, 나와 우리, 우리와 그들 등 여러 관계망으로 구성
된 것이 사회이다. 이런 관계가 상호 작용하며 세상이 굴
러간다.

상호작용의 핵심은 작용과 반작용이다. 살아 있

다는 것은 자극과 반응을 주고받는다는 것이다. 내가 이렇게 하면 상대가 어떤 반응을 하게 되어 있다.

혼자 잘났다는 사람들의 특성이 자기 생각만 하는 것이다. 자신이 제일 똑똑하니까 다들 자신이 정한 대로 따라와야 한다고 생각한다. 그런 생각 때문에 상대가 어떤 반응을 보일 줄도 모르고 일방적으로 행동한다. 이런 행동이 계속되면 결국 공감을 얻지 못한다.

그런데도 자기 잘난 맛에 빠져 세상이 나를 몰라준다며 자기 식만 고집한다. 이들을 일컬어 '헛똑똑이'라고 한다. 헛똑똑이들은 교활한 사람들의 노리갯감이 되기 쉽다.

공감력은 일방적이 아니고 상호적이다. 나와 너의 느낌이 교집합을 이루는 것으로 서로의 말과 행동에서 의미를 볼 수 있어야 한다. 사람은 잘할 수 있는 일도 기분 나쁘면 할 수 없다고도 한다. 반대로 할 수 없는데도 할 수 있다고 말하기도 한다. 이런 이중 감정을 제대로 볼 수 있어야 효율적인 관계를 맺는다.

즉흥적 유혹을
참아낼 수 있는가

●
즉흥적인 만족을 연기할 줄 아는 능력이
곧 성숙이다.
○ 지그문트 프로이트

동기 부여 전문가 호아킴 데 포사
다는 성공의 길로 가려면 일시적인 유혹을 잘 참아내야
한다며 『마시멜로 이야기』를 펴냈다. 자극적인 쾌락이
반복되면 다른 일에 흥미를 잃는다. 이것이 쾌락 중독이
라는 실패의 늪이다.

공부든 운동이든 어떤 일에 결실을 맺으려면 무
엇보다 끈기가 필요하다. 출발이 너무 좋아 다 잘될 것이

라고 보았던 일이 흐지부지될 때는 도중에 어떤 유혹에 빠진 것이다.

　　　말이 앞서는 사람, 시작이 너무 거창한 사람, 환심 살 일에 능한 사람들 중에 용두사미 스타일이 많다. 당연하다. 이런 스타일은 해야 할 일이 아니라 유혹에 한눈을 팔기 때문이다. 그러면서도 이런 핑계를 댄다. '좀 즐기면서 해야지. 기분 전환도 하고 그래야지.' 틀린 말은 아니지만 핑계가 많아지면 자신도 모르게 쾌락에 중독된다.

　　　핑계로 미루어놓은 일은 더 하기가 싫어지는 특징이 있다. 마음먹고 그 일을 하려고만 하면 꼭 그럴듯한 핑계거리가 나타난다. 할 일을 미루고 딴짓하는 것을 기분 전환이라고 하면 안 된다. 그럴수록 해야 할 일은 따분하고 딴짓은 즐겁다는 인상만 강해진다. 오히려 딴짓을 하다가도 할 일을 하는 것이 더 즐겁다고 여겨야 한다. 그래야만 딴짓이 줄어들고 할 일에 집중하게 된다.

　　　해야 할 일의 기준은 어렵고 쉽고가 아니라 얼마나 시급하고 중요한가이다. 아무리 어려운 일이라도 어느 정도의 습관이 들면 재미가 붙는다. 달성할 목표가 있거든 한눈팔지 말고 꾸준히 나아가라. 처음에는 그 발걸음이 무거워도 걷다 보면 가벼워진다.

말이 아닌
동작만을 믿어라

●

오직 행동만을 믿어라. 삶은 말이 아닌 동
작의 차원에서 이루어진다.

○ 알프레트 아들러

생각이 생각으로 멈추면 공상에
불과하다. 생각이 행동으로 이어질 때에야 성과가 나온
다. '성공success'이라는 영어 단어의 라틴어 어원은 '이
어지는 힘succeder'이다. 말과 생각으로만 그치지 말고 행
동으로 연결되는 것, 그 자체를 성공이라고 하는 것이다.
우리 버릇 중 제일 소모적인 것이 말만 앞서는
것이다. 누군가를 신뢰하는 때는 느낌이나 말이 아니라

동작을 보고 난 후부터이다.

　　　말이 화려할수록 실행이 부족한 이유는 간단하다. 어떻게 멋진 말을 할까 생각하느라 실행 준비가 소홀한 탓도 있지만, 혼자 실행에 집중하기보다 화려한 말을 할 때 받는 박수소리에 더 취해 있기 때문이다. 말보다는 실행하는 것이 훨씬 어렵고 노력도 더 많이 해야 한다. 그래서 누구나 좋은 계획을 가지고 있지만 막상 실행에 옮기는 사람은 드문 것이다.

　　　하체를 강화하려면 많이 걸어야 한다. 전문성을 쌓으려면 관련 서적을 많이 읽어야 한다. 어떤 일을 시도해보면 효과가 금방 나지 않는다. 효과를 내려면 한두 번 해보다가 그만두면 안 된다. 특히 전문적인 시너지 효과는 더욱 그렇다. 새로운 시도가 하나의 습관이 될 때까지 되풀이해야 한다.

　　　어떤 일이든 시작하는 것이 어렵지 한 번 성공하면 곧잘 하게 된다. 그 과정에서 무슨 말이든 말은 실행을 원활하게 해주는 역할에만 멈춰야 한다. 말만 많고 행동이 없는 사람처럼 못 믿을 사람이 없다.

유별난 사람은
이렇게 다루어라

●

잘 어울리지 못하는 사람들을 다루는 간
단한 원칙이 있다. 그들은 자신의 우월성
을 증명하려고 애쓰는 사람들임을 기억하
고 그런 관점에서 다루면 된다.

○ 알프레트 아들러

사람은 누구나 존재감을 드러내
고 싶어 한다. 실존주의에서 고독을 '죽음에 이르는 병'
이라고 하는 것도 혼자 있으면 자기 존재감을 드러낼 수
가 없기 때문이다. 사람을 만나 함께하는 것, 그 자체가
존재감을 확인하는 일이다. 수행자처럼 혼자서도 자기
존재감을 잃지 않는 사람은 그리 많지 않다.

인간은 사회적 동물이다. 존재감으로 인간관계

를 형성하려고 하면 우월감을 과시하거나 관계를 분열시킨다. 존재감이 살아 있다는 의식이라면, 우월감은 타인의 존재감을 뭉개는 태도이다. '내가 너보다 더 뛰어나', '너희는 나를 우러러봐야 돼.'

　　이처럼 우월감이나 과시가 심한 사람들은 어느 모임에서든 송곳 같은 태도로 좌중을 긴장시킨다. 그 때문에 모임이 어색해지고 모임의 취지도 엉뚱하게 된다. 우월감이나 과시욕이 큰 사람은 다른 사람의 이목을 독차지하기를 원한다.

　　인간은 모두 존재감을 드러내고 싶어 하지만, 타인과의 관계에서는 상대에 맞춰 자아를 최적화하려 한다. 여기에서 비교와 인정 욕구도 생기는데, 이것이 지나쳐 타인의 부러움 속에서만 누리는 우월감을 추구하면 모든 관계가 피상적이 되고 만다.

　　그렇다면 능력이 탁월하지만 우월감 때문에 모든 관계를 피상화하는 사람들은 어떻게 다루어야 할까? 이들이 원하는 것은 최고라는 인정이다. 그런 관심을 받지 못하면 불안해하고 자괴감까지 갖는다. 이런 사람들은 가끔 칭찬해주고 최고라는 암묵적인 사인만 해주어도 손쉽게 다룰 수 있다.

가끔은
다른 길로 걸어라

●
창의성은 사물을 기존의 패턴과 다른 방
식으로 보는 것을 포함한다. 기존 방향만
더 열심히 쳐다본다면 새 방향을 볼 수가
없다.

○ 에두아르 드 보노

무엇을 하나 하려고 해도 망설이
기만 하는 사람들이 있다. 무엇이든 성급하게 덤비는 것
도 무모하지만, 별일 아닌 것까지도 주저한다면 한 걸음
도 나아가지 못한다. 그러면서도 용기 있는 사람들과 자
신을 비교하며 '나는 왜 늘 이 모양일까?'라고 자책한다.
그럴수록 비교와 자책은 도움이 안 되고, 자아 존중감을
회복하는 것이 중요하다.

우선 현실을 새로운 시각으로 바라보려고 해야 한다. 늘 가던 곳도 같은 길이 아니라 새로운 길로 가면 풍경이 새롭다. 늘 해오던 일도 새로운 방식으로 해보면 자기 잠재력과 현실에 대한 새로운 관점이 생긴다.

선천적으로 창의적 소질을 타고난 사람이라고 해도 계속 기존 방식만 고집하면 그 소질이 잠들어버린다. 창의적 소질이 부족해도 더 효과적인 새로운 방식을 추구하면 창의성이 급신장한다. 그런 면에서 창의력은 누구라도 습득할 수 있는 하나의 기능이다.

세계적인 기업 코닥필름은 아날로그에 안주해 있다가 디지털 기술에 무너졌다. 이런 와해성 기술을 경제학자 조지프 슘페터는 '창조적 파괴'라고 했다. 와해적 창의력은 자동차, 스마트폰, 인공지능AI처럼 기존의 룰을 무용지물로 만들어 판도를 일거에 뒤바꾼다.

기존의 기술을 고도화하거나 벤치마킹하는 것에만 주목하면 창의성이 자라지 않는다. 아무도 가보지 않은 길에 대한 리스크가 있지만 이를 감수해야 창의성이 자란다. 그리고 창의성이 있어야 같은 패턴을 반복하지 않고 진보한다.

응용하려고
해보라

●

어떻게 학습하고 변화해야 하는지 그 방
법을 익힌 사람이 지성인이다.

○ 칼 로저스

우리 속담에 '되 글을 가지고 말
글로 써먹는다'는 말이 있다. 조금 배운 글을 효과적으로
쓴다는 뜻이다. 되와 말은 곡식 등을 계량하는 그릇이다.
우리 주위에는 되 글을 배워 말 글로 써먹는 사람이 있
고, 말 글을 배워 놓고도 되 글 정도만 써먹는 사람도 있
다. 하나를 배워도 열로 응용하는가 하면 열을 배워놓고
도 하나만 사용한다는 뜻이다.

사람마다 학습 역량이 다르지만 응용력의 차이도 크다. 아무리 가르쳐도 안 되는 사람이 있고, 무엇이든 가르치는 것마다 잘 습득하는 사람이 있다. 그만큼 학습 역량이 뛰어난 것이다.

　　　그렇다고 학습 역량과 응용 역량이 반드시 일치하는 것만은 아니다. 응용력의 차이는 무엇보다 자율이냐 타율이냐가 좌우한다. 하나를 배워도 내가 원해서 하면 외부 압력으로 배운 열 가지보다 더 큰 응용력을 발휘한다.

　　　세상의 일들은 대부분 우리가 배우려고 하면 충분히 익숙해진다. 배우려 하지 않기 때문에 못하는 일이 너무 많다. 전기를 고치고, 전등을 바꿔 달고, 못을 박고, 음식을 만드는 일들도 그렇다. 안 하면 더 못하게 된다. 자꾸 하다 보면 더 잘하고 즐길 수 있다.

　　　공부할 때는 남이 가르쳐주는 것에만 의지하지 말라. 내게 무엇이 필요한지를 파악하고, 거기에 맞춰 자기 방식대로 채워가야 한다. 물론 시행착오도 있지만 그렇게 해야 자기에게 가장 적합한 방식으로 자기다운 지성을 갖추어간다.

못과 망치

●
당신이 망치를 들고 있으면 모든 것이 못
으로 보일 것이다.

○ 에이브러햄 매슬로

누구나 다 자기 기준으로 세상을
보지만, 이 사실을 아는 사람과 모르는 사람으로 나뉜다.
전자는 그래도 자기 기준이 옳은지 그른지를 반성하며
자신이 틀릴 수도 있다고 인정한다. 후자는 오직 자기 관
점만 옳다고 주장하고, 누가 틀리다고 하면 '세상을 모
르니 저런 소리를 한다'고 비난한다. 너나 나나 서로 맞
을 수도 틀릴 수도 있다는 것을 인정해야 바른 관점을

찾아낸다.

　　우리는 익숙하지 않은 것은 이질적으로 보려 하고 공격하려는 충동을 느낀다. 세상은 당연히 나라는 개인과는 비교도 안 되게 넓다. 이런 세계에서 내게 익숙한 것이라고는 우거진 나무의 잎사귀 하나 정도도 안 된다. 그래서 세상이 미묘해 보이는 것이다.

　　이런 미묘한 세상과 조우하고 영향력을 행사하려면 익숙하지 않은 것에 대한 공격 충동을 공감력으로 전환해야 한다. 자기 식대로만 세상을 분류해서 보는 관점에 묶여 있지 말고, 색다른 관점의 묘한 뉘앙스를 선입견 없이 느껴보려고 해야 한다. 그래야 기존 관점을 비판적으로 사고하고 다른 관점에 대한 이해를 늘려갈 수 있다.

입사 전 경쟁력과
입사 후의 경쟁력

●
어느 분야든 일단 들어간 후에는 감성지
능이 성공을 예측하는 가장 강력한 변수
가 된다.

○ 다니엘 골드만

입사할 때는 아무래도 시험 성적
등을 많이 보지만 그 후에는 감성지능이 훨씬 더 중요하
다. 어떤 테스트도 한 사람의 됨됨이를 제대로 측정해내
기 어렵다. 사람의 능력과 품성이 워낙 다양한 데다가 겉
과 속이 늘 같지만은 않기 때문이다. 더구나 사람을 볼
때는 우선 외모부터 눈에 들어오지 그 속은 어느 정도
겪어봐야만 가늠한다.

입사한 직후나 처음 만날 때 외모를 잘 가꾸면 아무래도 환심을 사기 좋다. 사람을 잘 골라 선발하는 조직이라도 매우 다양한 인간 군상이 모이게 마련이다. 어떻게 하든 조직의 일원이 되면 그 다음은 조직과 융화를 잘해내야 한다. 그래야 적응도 하고 성공도 할 수 있다.

감성지능은 자신과 타인의 감정을 인지하고 잘 다룰 줄 아는 능력이다. 감성지능이 부족하면 분위기 파악이 안 되고 함께 일하는 사람들의 업무 의지까지 꺾어 놓는다. 지능지수만 높으면 암기에는 강하지만 현실 적응력이 떨어진다. 감성지능이 높아야 여러 상황에서 자기와 타인에게 동기 부여를 잘하고 시너지 효과를 내며 조직의 상층부 자리까지 올라간다. 성공은 성적순이 아닌 것이다.

6장

같은
말이라도

같은
말이라도

●

말에는 마법 같은 힘이 있다. 가장 큰 행복도 깊은 절망도 말로 불러올 수 있는 것이다.

○ 지그문트 프로이트

　　　　　같은 말이라도 '아' 다르고 '어' 다르다. 뉘앙스의 차이 때문에 감동을 주거나 냉소로 들릴 수도 있다. 말로 천 냥 빚을 갚기도 하고, 말 한마디로 뼛속 깊은 원한을 남기기도 한다.

　　　　말을 잘한다고 해도 너무 많이 하면 가치가 떨어진다. 그러면 품격도 떨어지고 말만 많은 위선자처럼 보이기 쉽다. 마법의 램프는 자주 문지르면 안 된다. 알라

딘처럼 정말 필요할 때만 사용해야 효과가 있다.

고려 시대 서희 장군은 거란 장수 소손녕과 담판을 벌여 거란 89만 대군을 물리치고 강동 6주까지 되찾는 쾌거를 이루었다. 그와 달리 공소시효 만료를 하루 앞둔 수배범이 무용담을 과시하다가 체포되는 일도 있었다.

동서 냉전의 상징 베를린 장벽이 붕괴되는 데는 동독 정부 대변인 귄터 샤보프스키의 말실수가 큰 역할을 했다. 1989년 11월 9일 샤보프스키는 출국 비자를 누구에게나 발급할 예정이라는 내각의 결정을 발표했다. 동독의 한 기자가 언제부터인지를 묻자 그는 당황해서 '지금부터'라고 대답했다.

그러자 기자들이 전 세계에 '베를린 장벽이 열렸다'라고 긴급 타전했다. 이 소식을 접한 동베를린 시민들이 서베를린으로 가려고 장벽 앞으로 단숨에 몰려드는 바람에 베를린 장벽은 무너졌다.

무엇보다 잘 어울릴 수
있어야 한다

●
타인의 위상을 깎아내려야만 자기 자존심
을 지킬 수 있다면 그야말로 불행한 사람
이다.

○ 허버트 해리 스택 설리번

어떤 사람이 불행할까? 누구와도
잘 어울리지 못하는 사람이다. 오스카 와일드의 『거인의
정원』에 나오는 거인이 그러했다.

그는 정원에서 뛰놀던 아이들을 내쫓고 거대한
담을 쌓은 뒤 아무도 들어오지 말라고 팻말을 붙여놓았
다. 계절이 바뀌어 봄이 찾아왔다. 천지사방에 꽃이 피고
종달새가 지저귀는데도 거인의 정원에만 눈보라치는 겨

울이 계속되었다.

　　정원에는 봄이 언제 다시 찾아왔을까? 거인이 몸을 낮춰 다시 찾아온 아이들을 받아들였을 때부터였다. 그제야 드넓은 정원에 눈보라가 그치고 봄바람이 불며 나무마다 꽃망울이 피어올랐다.

　　내 눈높이로만 상대를 대하면 누구라도 어울리기가 쉽지 않다. 내 기준만 고집하는 것이 자기도취이며, 그런 사람들이 나르시시스트이다. 나르시시스트는 자기도취를 자기 사랑이라고 착각한다. 누구나 다 자기 애착이 있지만 자기도취에 빠져 지내지는 않는다.

　　자기도취에 빠져 있으면 자기만 특별한 대우를 받기를 원한다. 이런 비현실적인 기대 때문에 일상에서 다른 사람들과 같이 합당한 대우를 받으면서도, 자신은 더 많이 누려야 한다고 생각한다. 자신이 무시당했다고 느끼는 것이다. 하지만 누가 인정해줄까. 계속 그러면 좋아하던 사람도 다 멀어진다.

　　자기도취에 빠진 사람들은 대체로 누가 잘되는 꼴을 보지 못한다. 자기가 초라해진다고 느끼기 때문이다. 작은 대우라도 주변에 사람이 있어야 받는 것이다. 자기도취에 빠지면 가까이하려는 사람들부터 모멸감을 주며 자기만 높이려 한다.

그렇게 남을 깎아내린다고 해서 자기 위상이 높아지지는 않는다. 남의 위상도 세워주어야 내 위상도 높아진다. 모든 사람을 헐뜯어야만 만족하는 사람들은 동반자를 둔 사람이 누리는 자존감을 맛보지 못한다.

칭찬도 잘해야
효과가 있다

●
긍정적 강화에는 어떻게 하느냐가 얼마만
큼 하느냐보다 훨씬 더 중요하다.
○버러스 프레더릭 스키너

　　　　　　　　　같은 업무도 어떤 식으로 하느냐
에 따라 효율성에 차이가 난다. 칭찬할 때도 마찬가지이
다. 칭찬을 어떤 식으로 하느냐가 중요하다. 무조건적인
긍정보다는 가끔 정확한 질책도 필요하다. 잘못해도 칭
찬하고 아무 때나 칭찬하면 진정성이 떨어져 농담처럼
들리고, 그렇게 말하는 사람도 가벼워 보인다.
　　　　칭찬과 비난은 반대의 감정을 야기한다. 칭찬이

용기와 자부심, 호감을 준다면 비난은 좌절과 자괴감, 비호감을 낳는다. 경쟁 관계에서는 일부러 상대를 호도하려고 칭찬하거나 기를 죽이려고 비난할 때도 많다. 이런데 흔들리지 않아야 자기 소신을 지켜 나간다.

칭찬은 고래도 춤추게 할 만큼 같은 행동을 반복하도록 해준다. 칭찬할 때도 아무 때나 하지 말고 긍정적인 것에만 해야 한다. 그래야 그 행동을 강화하는 효과가 나타난다.

아무 때나 칭찬하면 오만한 사람은 자기만 옳다는 착각을 벗어나지 못하고, 의심이 많은 사람은 자신을 놀린다고 싫어한다. 그래서 칭찬은 횟수보다 시기가 중요하다. 또 말로 칭찬하는 것도 필요하지만 보상이나 승진 등으로 실제 혜택도 뒤따라야 한다.

누가 이기고,
누가 지는가

●

이기면 어떻게 하겠다고 말을 하면서도
지면 무엇을 할지를 모르면 패자가 되기
쉽고, 이기면 어떻게 할지를 알지만 떠벌
리지 않으며 지면 무엇을 해야 하는지 잘
알고 있으면 승자가 되기 쉽다.

○ 에릭 번

살다 보면 승부를 내야 할 일이 꽤
있다. 그럴 때마다 자주 패배하는 사람은 누구일까? 이
기면 누릴 수 있는 혜택에만 미리 취해 있을 뿐, 지면 어
떻게 해야 다시 도전할 수 있는지를 생각하지 않는 사람
이다. 이들은 연달아 패배하고도 같은 심리 상태를 유지
한다. 그것이 패배의 습관이다.

어떤 승부의 세계에서도 반드시 이긴다는 보장

은 없다. 최선을 다해보고, 그렇게 했는데도 지면 다시
도전해 기어이 승리할 방도를 마련해두어야 한다.

　　잘 이기는 사람은 승리 후 누릴 혜택에 미리 취
하지 않는다. 분명 이길 수 있는 게임이라도 만에 하나
질 경우에는 더 크게 이길 방안까지 미리 염두에 둔다.
그래서 더 자신만만하게 승부를 걸 수 있으며, 그만큼 승
산이 더 커진다.

하기 싫은 일도
하루에 두 개씩은 하라

●
단지 기분 좋은 것만 하기로 한다면 음주
가 최고이다. 그러나 건강한 삶을 위해서
는 하기 싫은 일이라도 하루에 최소한 한
두 가지씩은 연습처럼 해야 한다
○ 윌리엄 제임스

인간의 욕구는 적당히 제어하지
않으면 결국 자기를 해친다. 음식도 단맛보다는 쓴맛이
몸에 좋다. 설탕이나 밀가루 등은 칼로리가 높고 에너지
흡수 속도가 빠르다. 그만큼 입맛에 더 당긴다. 그러나 절
제하지 못하면 자가 면역 질환 등 여러 질병을 불러온다.
달콤하고 짜고 맵고 자극적인 것만 먹고 황홀한
영상만 보면, 거기에 중독되어 몸도 정신도 망가진다. 움

직이기 귀찮다고 소파에만 앉아 지내보라. 관절염에 골다공증까지 생긴다.

우리의 몸과 마음에도 관성의 법칙이 있다. 역설적이게도 몸과 마음에 좋은 일이나 음식은 가까이 하기 싫고 조미료가 많이 들어간 음식, 탄수화물, 인스턴트, 튀기거나 탄 음식에는 구미가 당긴다.

운동이나 학습, 다이어트 등도 마음먹고 노력해야 가능하다. 유튜브도 유익한 영상은 큰마음 먹고 보지 않으면 잘 안 보게 된다. 보통 오늘까지만, 이번만이라는 핑계를 대며 정신적으로 도움이 안 되는 영상들로 시간을 낭비한다. 그런 핑계야말로 어느 누구도 아닌 자신에게 무책임한 짓이다.

몸과 정신에 유익한 행위는 구미가 당기지 않지만 미루면 미룰수록 삶의 질이 떨어진다. 자신에게 꼭 필요한 일들이 무엇인지를 적어놓고, 그중에 한두 가지씩은 지금 당장 시작하라. 그래야 습관이 된다. 최고의 인생은 필요한 습관에서 나온다.

자신에 대한
믿음이 있는가

●

어떤 일이든 그 일의 결과에 제일 큰 영향을 끼치는 것은 시작할 때의 태도이다. 자신에 대한 진정한 믿음이 실패와 성공을 가른다. 자기 신뢰가 부족하면 특별한 기회가 와도 수용하지 못한다. 그러면 시도하는 일이 실패하고 보답을 받지 못한다.
○ 윌리엄 제임스

자신감이 있으면 어떤 기회도 활용한다. 특별한 기회가 와도 주저주저하는 것은 자신감이 없기 때문이다. '이런 기회를 내가 활용할 수 있겠어'라는 생각 때문이다. 새가 새장 안에 있을 때는 세상이 두렵지만, 밖으로 나와 날기 시작하면 세상이 그렇게 자유롭고 좋을 수가 없다.

새장 안에만 있던 새가 밖으로 나가려면 용기가

필요하다. 이 용기는 내 작은 날개로도 저 넓은 세상을 충분히 날아다니며, 내 작은 발톱과 부리로도 필요한 먹이를 잡을 수 있다는 자신감이 있어야 생긴다. 새장 안은 안전하지만 밖으로 나가면 독수리가 있고 폭풍도 분다. 그래도 그곳으로 나가야 새답게 하늘을 날 수 있는 것이다.

　　리처드 바크의 『갈매기의 꿈』에 나오는 갈매기 조나단 리빙스턴은 단지 먹이만을 구하기 위해 날아다니는 갈매기 무리의 삶을 거부하고 더 높이 나는 꿈을 꾸었다. 이 때문에 갈매기 무리에서 따돌림을 당한다. 그래도 리빙스턴은 더 높이 날기 위한 수련을 통해 고공비행을 해냈다.

　　'너는 결코 높이 날 수 없어. 네까짓 게 뭘 할 수 있겠어' 등의 힐난을 들어도 '나는 날 수 있다'고 자신을 믿으면 높이 날 수 있다. 똑같은 일도 '내가 할 수 있겠어?' 하고 자신 없어 하면 못하는 것이고, '나도 해낼 수 있어' 하고 자신을 믿으면 해내는 것이다. 높이 나는 새가 더 멀리 보는 것처럼 자기에 대한 믿음이 있어야 좋은 결과를 만들어낸다.

무엇보다 견뎌내는 것을
즐겨라

●
삶의 경험을 통해 볼 때 행복한 사람들은
역경에 굴하지 않고 견뎌낼 줄 아는 법을
익혔다.

○ 카를 구스타프 융

인생에는 성공과 실패가 없다. 과
정과 성공이 있을 뿐이다. 그 과정이 평탄했는지, 순조로
운지는 그다지 중요하지 않다. 그 과정에서 그대로 멈췄
는지, 아니면 계속했는지가 더 중요하다. 여러 사정이 있
더라도 과정을 꾸준히 진행했다면 목적 달성 여부와 관
계없이 성공한 것이다.

사실 어떤 목적을 달성했다고 해도 인생 전체로

보면 완결된 목적이란 없는 것이다. 세상은 1등만 기억하려고 하지만 알렉산드로스 3세, 칭기즈칸, 한니발 바르카 같은 인물들만 완전무결하게 목적을 달성했다고 보기는 어렵다. 그들이 달려갔던 야망의 과정이 더 흥미로운 것이다.

역사에는 다른 사람을 제치고 앞서 달려간 사람들뿐 아니라 알베르트 슈바이처, 테레사 수녀, 마하트마 간디, 플로렌스 나이팅게일처럼 더불어 걸어간 발자취의 온기도 따뜻하게 남아 있다.

인생에서 혼자 앞섰거나 함께 달렸거나 어떠한 시련에도 굴하지 않을 때만 그 과정이 의미가 있다. 시련을 이겨내는 과정에서 자부심도 생기고, 그런 자부심이야말로 자신의 존재 가치를 당당하게 드러낸다. 시련을 무조건 싫어하는 사람은 아직 인생이 무엇인지 잘 모르기 때문이다. 적절한 시련이야말로 용기를 길러주고 인생의 맛을 내는 조미료이다.

낙관주의자가 아니더라도
휘파람은 부세요

●
나는 천성적인 낙관주의자는 아니지만 낙
관주의자처럼 행동하려고 노력한다.
　　　　　　　　　　　　　○하워드 가드너

　　　　　　　사람은 즐거워서 웃기도 하지만
웃으니까 즐거워지기도 한다. 한번 실험해보라. 별것 아
닌 일을 두고 짜증을 내면 기분이 저하되지만 웃으면 쾌
활해진다. 우리 조상들도 봄이 올 때면 대문 앞에 '소문
만복래笑門萬福來'라고 붙여놓았다. 웃으면 기분이 좋아
지고 기분이 좋으면 더 좋은 일도 덩달아 생겨난다.
　　　　　　　전자 도매상 가운데 한 분야에서 최고 매출을 올

리는 사람이 있다. 그는 하루를 시작하기 전 꼭 발라드 음악을 듣는다고 했다. 음악에 젖어 있다 보면 우울한 생각도 해소되고 밝은 기분이 든다는 것이다. 그 나름대로 즐거운 기분으로 사업을 하는 방식이었다.

힘겨운 시기에도 사려 깊게 대처하되, 낙관주의자처럼 결단해야 한다. 힘들다고 자꾸 미루면 아무것도 이루지 못할 뿐만 아니라 현재보다 더 퇴보하게 된다.

미국의 프랭클린 루스벨트 전 대통령도 낙관주의자로 유명했다. 세계적인 대공황기에 어떤 기자가 그에게 "이처럼 어려울 때는 어떻게 이겨내느냐?"고 물었다. 루스벨트는 "휘파람을 분다"고 대답했다.

그러자 그 기자가 "어느 누구도 대통령께서 휘파람을 부는 것을 본 사람이 없다는데요?"라고 의아해했다. 루스벨트는 담담하게 대답했다. "당연하지. 휘파람을 불어본 적이 없으니까." 이런 대통령과 함께 미국인들은 희망을 품고 대공황을 극복해냈다.

고뇌의 시절이
가장 멋진 추억으로
남을 것이다

●
세월이 흐른 어느 날 회상해보면 고투하
던 그 시절이야말로 가장 아름다웠던 때
로 떠오를 것이다.
○ 지그문트 프로이트

어려울 때 용기도 나는 것이고, 용
기를 내 극복하면 그만큼 자부심도 생긴다. 아무 걱정 없
이 평생을 산 사람과 인생의 쓴맛, 단맛을 겪은 사람 중
누가 성숙한 인격을 갖추겠는가. 공자나 노자, 붓다 같은
세계적인 성인은 말할 것도 없고 주변의 인격자들을 보
면 모두 다 나름대로 고투를 이겨냈다.
　　　삶의 주기도 자연의 사계절과 같다. 봄날 같은

탄생과 성장 시기를 지나 여름 같은 숙성의 시기에 성과를 위해 질주하고, 가을 같은 추수의 계절에 잠시 월동을 준비하고 겨울을 맞이한다.

인생의 황혼녘을 늦은 가을 오후 추수를 마무리한 들판과 비교해보자. 어느 시절이 제일 좋은 추억으로 남을까? 모내기하던 때도 그렇겠지만 지난 여름날 태풍에 쓰러진 벼를 세우고 지루한 장마 끝에 만연하던 병충해를 막아냈던 일들이 제일 기억에 남을 것이다.

우리 삶도 마찬가지이다. 철없었지만 사랑을 듬뿍 받았던 어린 시절도, 야망을 품고 보냈던 학창 시절도 그립겠지만, 격렬하게 살아남아야 했던 그 시절도 강하게 남아 있다. 사랑과 증오, 야만과 좌절에 몸부림쳤던 그때가 돌이켜보면 가장 기운이 찼던 때로 추억되는 것이다. 온실에서 지낸 시기보다 혼신을 다해 살아남았던 자신이 자랑스럽기도 하다.

그러니 어떤 고난 앞에도 굴하지 말고 도전하고 또 도전하라. 그것만이 인생의 황혼녘에 최고의 자부심을 주는 원천이다.

내면의 힘과 자유는
어디에서 오는가

●

갈등이 고통스럽지만 귀중한 자산이 된
다. 어떤 갈등이든 회피하지 않고 직면해
서 해결 방안을 찾으면 찾을수록 내적 자
유와 힘이 더 확장된다. 우리는 각자 자신
이라는 배의 선장이다. 갈등을 견뎌낸 힘
을 가진 자만이 이 배의 선장이 된다.

○ 카렌 호나이

사람마다 지문이 다르듯 성격과
가치관도 모두 다르다. 그래서 갈등은 필연적이다. 갈등
그 자체를 좋다, 나쁘다로 보지 말고 어떤 일을 해결해
나가는 데 맛을 내는 조미료로 보아야 한다.

과제를 수행할 때도 의견이 다를 수 있다. 한 팀
이 되어도 힘든데 왜 이렇게 분열되느냐고 원망하기 쉽
지만, 그럴 시간에 다른 의견들도 더 나은 성취를 위한

요소로 보아야 한다. 그래야 갈등이 족쇄가 되지 않고 새로운 관점을 얻는 기회가 된다.

수직적인 문화에서는 비교적 갈등이 적고 명령에 따라 효율적으로 잘 움직인다. 하지만, 그만큼 수동적이라 현장의 돌발 상황에 대한 기민한 대응력이 약하다.

그래서 첨단 기업들은 수평적인 조직 문화를 조성해 창의성을 조장하려고 한다. 사실 수평 문화에서는 갈등이 훨씬 많이 일어나지만, 그 대신 조율만 잘하면 최상의 효과를 낸다. 파괴적 혁신을 주도하는 기업가들이 바로 그런 갈등을 능동적인 혁신성으로 전환해가는 것이다.

조직이든 개인이든 수동적이면 변화에 민첩하게 대응하기 어렵다. 의견 차에 따른 갈등을 당연하게 여기고 해소하는 과정을 결실로 연결하는 습관을 들이면, 그런 삶은 지루할 틈이 없다.

각자의
뒷모습이 있다

●
심리 치료자는 내담자에게 불투명해야 하
며 거울처럼 그에게 비친 것 외에 다른 것
을 보여주지 않아야 한다.
○지그문트 프로이트

프로이트는 내담자에게 의식적으
로 표현하려 하지 말고 떠오르는 대로 말하라고 했다. 이
것이 자유 연상이다. 또한 그는 내담자에게 당신의 중요
한 문제가 무엇인지도 묻지 않았다. 내담자 자신이 무엇
이 중요한 문제인지 알고 있다면 치료받지 않아도 스스
로 해결할 수 있다고 보는 것이다.

그렇다고 내담자가 하는 말을 그대로 믿지도

않았다. 내담자가 자유롭게 풀어놓는 말을 막지도 믿지도 않았고, 그 말들 속에 거울처럼 비친 내담자의 뒷모습을 보려고 했다. 그래야 그 뒷모습에 담긴 내담자 자신도 의식하지 못하는 무의식적 응어리의 파편을 잡아낼 수 있기 때문이다.

이 응어리에 다가갈수록 내담자가 감추려는 저항이 일어난다. 이 저항을 최소화하려면 아무리 유능한 분석가라도 내담자에게 자기 무의식을 엿보고 있다는 느낌을 주어서는 안 된다.

그래서 내담자가 무슨 말을 하든 어떤 관심도 표하지 말고 모두 들어주어야 하는 것이다. 그런 과정에서 응어리의 파편들이 흘러나올 때 하나둘씩 짜맞추어가면 차츰 핵심에 가깝게 다가선다.

보편타당한
심리 기준은 없다

●
모든 사람에게 그 기준이 동일하게 적용
되는 정상 심리학 같은 것은 없다.
○ 카렌 호나이

넓은 의미에서 심리학은 인류의
탄생과 함께 시작되었다. 고대 그리스의 신화나 호메로
스의 「일리아스」 등에도 인간의 심리가 투사되어 있다.
그러다가 프로이트가 물리학과 화학을 기반으로 한 역
동적인 심리학을 발견해내었다. 이것이 프로이트의 정
신분석이다. 이후 행동주의, 인본주의 등으로 서로 보완
해가며 다양하게 발전해왔다.

심리학에서는 인간을 이해하는 도구로 심리를 개인 무의식, 집단 무의식, 자아(에고), 초자아(슈퍼에고), 사회적 자아(페르소나), 내부 세계의 그림자, 열등 콤플렉스, 우월 콤플렉스 등으로 분석했다. 이런 분석은 무엇을 지향해야 할까?

에이브러햄 매슬로를 참고하면 각자의 자아실현이다. 자아실현이란 자기 잠재력을 개발해 자기 삶의 보람을 누리는 것이다. 이와 같은 자아실현은 누구나 바랄 수밖에 없기 때문에, 모든 심리학과 심리적 분석이 지향해야 할 인간상에 부합하다.

하지만 심리적 에너지가 억압되거나 왜곡되면 정상 사고의 왜곡이 일어나 이러한 추구를 더 등한시한다. 그럴 때 나타나는 증상이 우울증, 분노조절장애, 무기력증, 조현증, 공황장애 등이다. 이런 구분도 증상을 이해하고 치료하기 위한 것이지, 딱지를 붙여 고정관념을 갖게 하려는 것이 아니다.

인간은 누구나 심리적 부적응 증세를 조금씩은 가지고 있다. 너무 예민하게 받아들이면 자기 충족적 예언 효과로 도리어 더 악화되기 쉽다. 어떤 증세도 현실 생활이 가능하다면 굳이 심리적 장애로 받아들일 필요가 없다. 그래야 자신감을 갖는다.

도덕 감정은
사회적인 것

●

역사적 성격을 내포하지 않는 용어와 어울리는 사회학은 없다. 인간의 인격적 특권은 육체가 아니라 도덕을 받아들이는 데 있다. 그것이 사회적이다. 그에게 부과된 거친 물질적 환경이 아니라 자신보다 우월하다고 느끼는 양심에 지배를 받는다. 그러한 위대한 자기 존재 의식으로 온몸을 바치기도 한다. 그렇게 육체의 멍에를 벗어나지만 그 대신 사회의 멍에는 매고 있는 것이다.

○ 에밀 뒤르켐

개념화된 용어의 진술이 학문이다. 심리, 사회, 생물, 물리, 화학 등도 그 분야의 전문 용어로 구성되어 있다. 이 용어를 잘 이해하면 그 분야의 전문가가 되는 것이다. 이해한다는 것은 그 분야가 잘 파악되어 정신적으로 혼미하지 않다는 것이다. 이러한 정신의 틀이 패러다임이다.

토머스 쿤은 과학도 패러다임으로 진행된다고

보았다. 새 패러다임이 지배적 이론으로 구성된 기성 패러다임과의 경쟁에서 승리하면 정성 과학이 되는 것이다. 과학도 패러다임 전환이 일어나는데 해석의 측면이 강한 심리, 법, 사회, 제도, 도덕 등은 당연하다. 그래서 세상에 영원한 것은 없다는 것이다.

정신적 측면에서 패러다임은 지각의 패턴화 patterning 또는 집단화이다. 인간에게 정신이 없다면 육체적 본능만 남는다. 정신이 약할수록 본능이 분별없이 노출되지만, 정신이 강하면 본능을 잘 조절한다. 이러한 정신의 자양분이 곧 도덕이다. 자랄 때는 부모로부터, 학교에서는 승인과 거절을 통해 도덕의 기본, 즉 하나의 패러다임을 형성한다.

사회가 유지되려면 규범이 필요하고, 그 규범이 곧 그 시대 사람들에게는 도덕적 패러다임이 된다. 물론 사회적으로 승인된 패러다임이 반드시 옳은 것은 아니다. 하지만 이 가치를 거부하거나 새로운 패러다임으로 변화시키고자 한다면 엄청난 반발을 돌파해내야 한다.

이 감정들은
어디에서
왔을까

가치란 곧
의미이다

●
인간은 의미의 세계에 살고 있다. 보고 듣
는 것들이 그가 무엇을 할 것인지 어떻게
처리할 것인지를 의미한다.

○ 조지 허버트 미드

　　　　　　의미가 곧 대상의 가치를 결정한
다. 무엇에든 의미 부여는 자신이 하는 것이다. 같은 시
계도 소중한 사람이 사준 것이라면 의미가 달라진다. 아
무리 좋은 일을 해도 의미를 잃어버리면 아무런 흥도 나
지 않는다.

　　　　의미는 곧 소중하다는 느낌이다. 가수 이은하는
그런 느낌이 사라진 연인에게 '그렇게 바라보지 말아요.

의미를 잃어버린 그 표정'이라고 노래했다. 무엇이든 의미가 있을 때 가치가 있다.

이런 의미를 공유하는 방식이 사회적 상징이다. 로마에는 로마식의 상징이 있고, 그리스인에게는 그리스식 상징이 있다. 이런 상징들은 그 문화권의 사람들이 상호 작용하는 중요 수단이다. 외부 사람이 그 사회에 동화하려면 상징이 지닌 사회적 의미를 이해해야 한다. 의미의 공유를 생성하는 도구가 상징이기 때문이다.

그래서 보이는 그대로가 다는 아니다. 보이는 세계가 있고 해석하는 세계가 있다. 대상을 놓고 각기 의미를 부여하는 것이다. 우리는 보이는 세계에 존재하되 나름대로의 의미를 부여하는 세계에 살고 있다. 붉은 장미를 놓고도 다른 의미를 부여하기 때문에 다른 느낌을 갖게 된다.

의미의 내용은 어떻게 정해질까? 상호작용을 통해서이다. 결혼식장을 수놓은 장미만을 보던 사람과 장례식장에 놓인 장미만 보던 사람이 장미를 연상하는 의미는 다르다. 봉건 국가에서 사는 사람과 민주 국가에서 사는 사람이 보는 지도자의 의미는 다를 수밖에 없다. 이처럼 어떤 것에 대한 의미는 그것을 어떤 식으로 보고 들었느냐에 따라 결정된다.

창의성과 우울증의
상관관계

●

창의성의 뿌리는 우울할 때면 손상되던
긍정적 대상을 복구할 필요성에 근거를
두고 있다.

○ 멜라니 클라인

우울증은 누구에게나 있게 마련
이다. 우리는 모두 가끔씩 무기력해지고 사는 데 무의미
해지는 느낌을 갖는다. 그 증상의 빈도가 얼마나 많은가,
기간은 어느 정도인가의 차이만 있을 뿐이다.

우울한 기분이 들 때면 평소 자신이 좋아하거나
긍정적으로 여겼던 대상까지 무관심해진다. 그 대상에
는 내 안에 있는 좋은 재능들과 선한 동기, 성취에 대한

확고한 의지 등도 포함된다. 우울한 증세가 심해지는 만큼 무기력해지고, 그 무기력이 평소 내 안의 긍정적인 자질들까지 움츠러들게 하는 것이다.

　　보통 예민함이 지나치면 우울해질 수 있다. 우울증이 지나쳐 생활이 불가능할 정도라면 치료가 필요할 수도 있다. 이와 달리 예민해져서 우울하다면 명상이나 운동을 하고 햇볕을 쬐며 일상을 유지하면 된다.

　　창의력의 천재인 스티브 잡스, 아이작 뉴턴, 윈스턴 처칠 등도 예민했던 사람으로 유명하다. 철학자 루트비히 비트겐슈타인은 평생 심한 우울증에 시달린 것으로 유명하지만 천수를 누리고 이런 유언을 남겼다. "모두에게 전해주오. 내 삶이 정말 멋있었다고……."

　　사람에게는 육체는 물론 정신적으로도 균형을 유지하려는 심리적 항상성이 있다. 심리적 항상성이 있기 때문에 우울해져서 움츠릴수록 더 많이 도약하는 역설도 가능하다. 예민해져 울적했을 때 내 안의 움츠렸던 자질들이 정상 기분으로 돌아오면서 급격하게 반등하는 것이다. 천재들일수록 이런 과정에서 기발한 상상력과 창의력이 발휘된다. 학교 공부나 지능지수와는 별 상관이 없다.

　　성적이 뛰어난 사람을 수재라 부를 수는 있지만,

천재는 아니다. 천재란 기존의 성취 영역 내에서 추격 성취를 하는 것이 아니라 미지의 영역에서 의미 있는 성취를 이루어내는 사람이다. 그래서일까. 천재 중에 광기는 아니지만 조울증을 가진 사람이 많다. 우울증 상태가 조증으로 바뀔 때 창조적 상상력과 강력한 실행력으로 창의적인 생산성을 구사하는 것이다. 수재가 기존의 룰 안에 머문다면, 천재는 기존의 룰을 파괴하고 새로운 룰을 창조해낸다.

슬픔도 관점의
산물

●

슬픔은 어떤 대상에 내재되어 있는 것이
아니다. 따라서 슬픔이 어떤 대상로부터
오거나 그 대상을 단순히 묵상한다고 해
서 오는 것도 아니다. 슬픔은 우리 생각의
산물로, 자신이 직접 옷감으로 만들어 입
는 옷이다.

○ 에밀 뒤르켐

전국시대 때 장자는 아내가 죽자
두 다리를 뻗고 물동이를 두드리며 노래를 불렀다. 마침
장자와 죽마고우였던 혜시와 여러 문상객이 찾아와 사
람이 어찌 그리 경우가 없느냐며 나무랐다. 그러자 장자
는 다음과 같이 말했다.

"우주의 혼돈 속에서 기氣가 나왔고, 그 기에서 만물이

나왔으며, 만물 가운데 사람이 나왔으니 본디 삶과 죽음이 매한가지라. 이제 내 아내가 자연에서 세상으로 왔다가 다시 자연으로 되돌아갔으니 축하해야 하는 것 아닌가."

객지에 떠돌던 사람이 고향으로 가면 기뻐할 일이지 슬퍼할 일이 아니라는 말이다.

장자는 사람이 태어날 때 축하하듯 죽을 때도 당연히 축하해야 하며, 태어날 때나 죽을 때나 똑같이 웃음으로 맞이하고 웃음으로 보내야 한다고 보았다. 물론 사랑하지 않아서가 아니다. 사람의 생사가 한결같으니 살아온 삶에 감사하고 다시 귀향할 때도 담담하게 받아들이자는 뜻이었다.

장자의 눈으로 보면 세상사란 크게 집착할 것도 어떤 일에 딱히 우울할 것도 없다. 이것이 노장의 존재론적 인식이 가진 힘이다.

강박적
충동

　　　　　세상에 영원한 나의 것은 없다. 언
젠가는 다 놓아두고 떠나야 한다. 그래서 집착할 것이 많
을수록 번뇌는 더 커진다. 여행길은 단출하면 더 좋다.
먹고, 자고, 두루 둘러볼 수 있는 정도의 여비만 들고 가
면 충분한 것이다. 빈손으로 시작해 빈손으로 마치는 삶
의 여정에서도 살 집과 입을 옷과 좋은 사람들을 만났으
면 충분하다.

집착하는 것이 많으면 그만큼 변화를 두려워한다. 변화가 두려운 만큼 신경 쓸 일도 더 많아진다. 그렇지 않아도 사는 것이 다 신경 쓸 일들 아닌가. 일이 많으면 많은 대로, 적으면 적은대로 그렇다.

신경을 너무 안 쓰면 무책임한 사람이 되지만, 지나치면 다른 사람을 닦달하거나 자신도 괴롭힌다. 적당히 신경 쓰고 덮을 것은 덮으며 살자. 매사에 너무 예민한 사람이라면 내가 무엇에 심하게 집착하는지를 살펴보라.

신경증의 심리적 에너지는 강박 충동이다. 왜 이런 충동이 일어나는 것일까? 카렌 호나이는 고립과 무력과 적대감에 대한 두려움에서 나온다고 보았다. 강박적인 집착도 사실은 이러한 두려움을 잊기 위한 것이다.

고립과 무력과 적대감에서 나온 두려움은 그 지향점이 만족이 아니라 안전이다. 그래서 만족 없는 병적 갈망이 애정과 권력 등에 대해 강박적으로 표출된다. 이런 현상은 사소한 일상뿐 아니라 세계대전을 일으켰던 히틀러 등도 무관하지 않다.

강박적 충동을 일으키는 과도한 집착을 완화하려면 신경 끄기 연습 등이 필요하다. 이 연습의 핵심은 불안의 실체를 보는 것이다. 대부분 불안은 실체가 없다.

내가 괜히 걱정하는 것이다. 설령 있다고 해도 걱정해서 걱정거리가 사라진다면 걱정할 필요가 없다. 그러니 매사에 주의는 해야겠지만 걱정할 필요는 없다. 그러면 그만큼 덜 집착하고 훨씬 덜 예민해진다.

그 기억만은
잊고 싶어요

●

개에게 거리를 두고 먹이를 보여주면 처음에는 침을 흘리지만, 반복적으로 희롱하면 침샘의 분비가 차츰 줄어 마침내 제로가 된다.

○ 이반 파블로프

누구나 잊고 싶은 일이 한두 가지씩은 있다. 세월이 약이라지만 세월이 흘러도 참아내기가 고통스러운 경험들이 있을 수 있다. 그럴 때는 소거라는 방식을 사용한다. 소거란 지운다는 뜻으로, 특정 행동을 감소시키고 수정하거나 어떤 기억에 대한 과도한 반응을 중지시키는 것이다.

개에게 종소리를 들려주며 먹이를 주는 버릇을

들이면 종만 쳐도 개는 먹이를 떠올리고 침을 흘린다. 이 증세를 소거하려면 종소리만 들려주고 먹이는 주지 않아야 한다. 그러면 종소리는 곧 먹이의 조건이라는 반응이 사라진다. 자꾸만 조건 자극만 줄 뿐 먹이가 없으면 조건 반응의 빈도가 허약해져버리는 것이다. 이처럼 조건에 의한 자극은 조건 형성을 없애주면 된다.

불합리한 조건에 따른 특정 행동은 불합리한 선호 감정과 함께 형성되었다. 이 때문에 먼저 일상생활에서 잃어버린 즐거움과 긍정 경험이 무엇인지를 분석해봐야 한다. 아마도 타인의 긍정적 강화를 얻을 수 있는 사회적 기술이 부족했거나, 타인의 무리한 요구를 재치 있게 거절하고 자기의 정당한 권리를 정확하게 주장하지 못했을 수 있다. 그런 부분을 보완하고 자신도 가끔씩 칭찬해야 한다. 그것이 긍정적 강화이다.

참고로 부정 조건 형성의 사회적 양태인 선입견, 편견 등은 세월에 따라 달리 보이는 경우가 많다. 아파했던 당시에는 큰 문제로 보였던 기억도 차츰 별것 아닌 것으로 보게 되며, 가끔 떠오른다 해도 서산에 낙조를 바라보듯 관조할 여유가 생긴다. 그만큼 감정 이입이 덜 되는 것이다.

철이
든다는 것

●

성숙해진다는 것은 열등감을 감지한다는
의미이다.

○ 알프레트 아들러

세계인들이 가장 많이 알고 있는
노래는 비틀스의 〈예스터데이Yesterday〉이다. 예전에는
나와 상관 없어 보였던 어려움들이 이제는 내게도 다가
오며, 사랑도 쉬운 게임처럼 여겼지만 그 사랑도 떠났다
는 내용이다.

어리면 어릴수록 세상도 잘 모르고 자신도 잘 모
른다. 자신이 왕의 자식인지 노비의 자식인지 알 리 없

고, 어떤 유전자를 타고났는지도 모른다. 그러니 티 없이 뛰어놀며 세상 모두가 신기하고 좋기만 했던 것이다. 그러다 어느 순간 자신이 놓인 자리를 깨달으며 우월감과 열등감도 생겨난다.

열등감을 인식하지 않으려고 과잉 행동하는 것이 우월감 콤플렉스이다. '나 이런 사람이야. 알아서 기어'라는 식이다. 과잉된 우월감으로 열등감을 보상받으려고만 하면 자기의 열등감이 무엇인지를 정확이 인지하기 어렵다. 자기의 열등감을 인지하지 못하며 자기 수용력이 하락한다.

그 결과 신체적, 지적, 사회적으로 더 한층 과장되거나 건방지게 되어 건전한 사람들까지도 비꼬는 냉소적 인격이 된다. 냉소적 인격은 열등감을 감지하지 못해 나타나는 것이다. 이런 인격은 타인을 업신여김으로써 자기 존재감을 드러내려 한다.

우리는 먼저 자신의 열등감이 무엇인지를 알아야 한다. 알면 이해하고 이해하면 얼마든지 다스리며 인생의 멋진 동반자로 삼을 수 있다.

질문을
제대로 하라

●

무엇이 되었든 무조건적인 신뢰란 일방적
인 것이다. 정당한 의문이야말로 삶의 면
류관이다. 불확실한 가운데서도 의심을
통해서만 진실과 오류가 드러난다. 일단
의문을 제기할 때가 어둠과 밝음을 통합
할 가장 좋은 기회가 되므로 의심이야말
로 생명인 것이다.

○ 카를 구스타프 융

의심도 앎의 한 유형이다. 모든 위
대한 발견은 '과연 그럴까? 어떻게 그럴까?'라는 의심
으로부터 나왔다. 이런 의심이 방법론적 회의이다. 진화
론은 '이토록 다양한 생명체는 어떻게 나왔을까?'라는
다윈의 질문에서 나왔다. 알베르트 아인슈타인의 상대
성 이론도 소년 시절부터 품었던 '빛보다 빠를 수가 있
을까?'라는 의문에서 출발했다. 소크라테스 역시 진리를

추구하는 질문을 계속 던지며 위대한 철학의 스승이 되었다.

물론 질문이 잘못되면 엉뚱한 답이 나온다. 일본 토요타자동차는 '다섯 가지 질문5whys' 기법을 통해 조립 라인을 개선하고 예산을 절감했으며 창의성까지 끌어내었다. 이 기법은 어떤 과제에 대해 왜라는 질문을 거듭해서 그 근원을 파헤쳐 해답을 찾는 것이다. 이 방식은 세계 유수 기업의 조직 관리나 품질 관리에도 이용되고 있다.

위대한 발견자들의 공통점은 아인슈타인의 말처럼 '특별한 재능이 아니라 열렬한 호기심'이었다. 인간의 탁월성은 자신과 타인과 사물에 대해 질문을 던지는 방식에서 나온다. 무조건 믿으라는 말처럼 비인간적이 폭언은 없다. 그런데도 사람들이 무조건적인 믿음에 귀가 솔깃하는 이유는 무엇이든 의심하는 것보다 믿는 것이 더 마음 편하기 때문이다.

물론 의심을 위한 의심을 해서는 안 된다. 그런 의심은 매사에 불신을 낳고, 그만큼 더 불안해지며 불안해지는 만큼 더 집착한다. 이렇게 집착과 불신이 합쳐지면서 나타나는 증세가 극도의 불안증이며 곧 편집증이다. 편집증은 의심을 위해 의심하다가 자아가 회의의 수

령에 빠지는 경우이다. 그래서 융은 의심을 하되 방법론적인 회의를 하라고 말했다. 방법론적인 회의는 불신이 아니라 완성도를 높이려는 호기심에서 비롯된다.

다른 사람의 속을 다 아는 사람이 세상에 어디 있겠는가. 선의인 척하고 악의를 품은 사람도 많다. 설령 선의로 했다고 해도 사람인지라 실수할 수도 있다. 그래서 기본적인 신뢰를 하되 사람의 일이니 호기심을 품고 이모저모로 확인해보아야 한다는 것이다. 그래야 서로 신뢰가 더 두터워진다.

어떤 자극이든
내 방식대로 반응할 자유

●

인간의 자유란 자극이 올 때 잠시 어떻게
반응할지를 선택하는 능력에 있다.

○ 롤로 메이

　　　　　　　세상에서 어떤 사람이 제일 다루
기 쉬울까? 순진한 사람도 아니고 무식하거나 지능이 낮
은 사람도 아니다. 어떤 자극을 주든지 그대로 반응하는
사람이다. 그런 사람은 힘이 세고 지능이 높고 지식이 많
을수록 이용 가치가 크다.

　　　　　　　자기 목적을 이루기 위해 의도적으로 상대를 자
극하는 사람이 매우 많다. 어느 조직에 특공무술을 한다

고 자랑하는 사람이 있었다. 여러 사람이 그 사람의 겁박을 받았다. 그 모임의 회장은 입바른 회원들을 누르려고 그 사람을 임원으로 뽑아놓았다. 아니나 다를까. 완장을 하나 차더니 한 회원에게 악담을 퍼붓다가 결국 소송 위기까지 당했다.

어떤 자극이 올 때, 특히 그 자극이 경쟁자로부터 올 때는 무조건 반응하지 말고 잠깐 생각해보아야 한다. '저 사람이 왜 이런 자극을 줄까?'라고. 그러면 어떻게 반응해야 할지를 알게 된다. 이런 습관을 들이면 상대의 충동질에 당하지 않는다. 인간의 자유는 외부 자극에 내가 어떻게 반응할지를 결정하는 데 달려 있다.

이런 자극은 반응해야 옳은가, 무반응이 더 나은가, 반응한다면 어떤 식으로 할 것인가라는 자문을 습관적으로 해둬야 한다. 그래야 감정적이고 감각적으로 반응하지 않는다. 그래야 자신이 더 자유로워진다. 이러한 자유를 빅토르 프랑클은『죽음의 수용소에서』에서 인간에게 남은 마지막 자유라고 했다.

모든 중독은
다 나쁘다

●
마약이든 술이든 이념이든 종교이든 설령
이상주의라고 하더라도 모든 형태의 중독
은 다 나쁘다.

○ 카를 구스타프 융

아름다운 몰입은 있어도 아름다
운 중독은 없다. 중독과 몰입은 완전히 다르다. 몰입은
의지적이다. 하지만 중독은 의존적이다. 어떤 것에 대한
제어하기 힘들 정도의 의존 심리이다.

몰입은 아름답고도 창의적이지만, 중독은 추하
고 퇴행적이다. 몰입하는 과정을 보라. 내가 세운 임의의
목적을 위해 내 의지로 집중했다가, 언제라도 내 의지로

빠져나온다.

　　중독은 다르다. 목적을 상실한 채 무엇에 집착해 불안감을 해소하려는 것이다. 일시적으로 불안이 해소 되면 중독에서 빠져나온 듯했다가 불안해지면 다시 중 독으로 헤매는 악순환이 이어진다. 뇌의 보상 회로가 중 독 사이클로 강화되면, 자아 조절력은 그만큼 더 허약해 진다. 중독이 되면 더 많은 시간과 물질과 심적 에너지를 낭비하게 된다.

　　이런 중독 증세를 고쳐주려고 해도 전력을 다해 밀어낸다. 술, 도박 중독뿐 아니라 소비, 종교, 이념 등 어 떤 형태의 중독도 자아 조절력을 약화시킨다. 그러나 보 상 회로가 의지적 몰입과 목표 달성이라는 사이클로 강 화되면 자아 조절력도 강해진다.

　　어떤 것을 좋아해도 정도껏 해야 한다. 그래야 일시적으로 또는 필요해서 선호했다가도 언제든지 정상 으로 복귀할 수 있다. 중독에 빠지지 않으려면 스스로 자 기 아픔을 치유해가며 어느 것에든 집착하지 않도록 적 정선에서 멈춰야 한다.

어둠이 있기에
빛을 깨닫는다

●

빛의 형상은 상상한다고 깨닫는 게 아니라 어둠을 의식하도록 해야만 깨닫는다. 하지만 후자의 절차는 대중의 인기가 없어 동의를 얻지 못한다.

○ 카를 구스타프 융

고대에 불을 숭배하는 종교가 페르시아 제국의 조로아스터교이다. 페르시아가 바벨론을 멸망시키고 포로로 잡혀 있던 유대인들을 해방시켜 주었다. 그때 유대교가 조로아스터교의 영향을 받았고, 그 유대교의 주요 교리가 이슬람과 기독교로 이어지고 있다.

조로아스터교는 세상을 선과 악이 투쟁하는 무대로 본다. 그중에 선한 신이 기독교의 하나님이고, 악한

신은 사탄과 졸개들인 마귀이다. 조로아스터교에서 창조의 신은 인간에게 자유의지로 선과 악을 선택할 수 있도록 했다. 선택의 대가는 천국이나 지옥이다.

그리고 선의 상징은 빛이며 악의 상징은 어둠이었다. 이런 영향으로 밝은 세계인 창조와 천사 등은 거룩하고, 어두운 세계인 파괴와 마귀는 추악하다는 이미지가 형성되었다.

그러나 세상은 밝음과 어둠이 공존한다. 만약에 어둠을 부인한다면 반쪽 세상만을 인정하게 된다. 창조주가 있다고 가정해도 빛과 어둠, 천국과 지옥을 함께 만들었을 것 아닌가. 어둠이 있어 빛이 있고 빛이 있어 어둠이 있다.

우리 삶에도 가끔씩은 어둠이 있는 것이 당연하고, 그 어둠이 꼭 나쁜 것만도 아니다. 태어났으니 죽고 젊었으니 늙는다는 것을 스스럼없이 받아들여야 인생을 더 편하게 관조할 수 있다. 빛의 호르몬인 멜라토닌과 어둠의 호르몬인 세로토닌도 상호 보완 관계이다. 하나가 충분해야 다른 하나도 충분해진다.

빛에 가려진 어둠, 어둠이 있어야 드러나는 빛. 그래서 지극한 선과 지극한 악은 서로 상통한다.

약함이 아니라
부드러움으로

●

우리는 사랑이라는 이름으로 서로를 약하게 만드는 대신 서로 부드러워지도록 해야 한다.

◦ 지그문트 프로이트

유구한 가부장 사회에서도 '여자 이기는 남자가 없다'고 했다. 아무리 남성 위주의 사회라도 어머니 없이는 남성도 없으며, 여성 없이는 후손을 둘 수도 없다. 그만큼 존재론적으로 남성이 여성에게 약해질 수밖에 없는 것이다.

남성은 남성호르몬인 테스토스테론이 많이 나오는 성장기에 어머니의 영향을 많이 받는다. 그래서일까, 경쟁하고 이기려고 하는 남성호르몬이 많이 나올수록 여성에게는 더 부드럽게 대하는 경향이 있다. 그런 남성호르몬도 그나마 30대 이후에는 점차 줄어든다.

여성은 반대로 그때부터 여성호르몬인 에스트로겐이 줄어들고 테스토스테론의 수치가 증가한다. 여성호르몬은 배려와 공감과 관련이 깊다. 아무리 드센 남자라도 여자 앞에서는 약하고, 더구나 사랑에 빠지면 고양이 앞의 쥐처럼 굴게 되어 있다. 그녀 앞에만 서면 자꾸 작아지는 것이다.

학창 시절 돌주먹으로 유명했던 사람이 있다. 초등학교 때 발레를 하던 과수원집 딸을 내내 잊지 못했다. 제대 후에 수소문으로 찾아내 그녀를 설득하고, 여자 집안의 반대도 이겨내며 결혼했다. 그 후 그렇게 거칠던 남자가 너무나 성실하게 변했다. 그러니 시부모가 며느리만 보면 고마워할 수밖에 없었다. 당신 아들을 사람 만들어주었다는 것이다.

이 여성은 남자의 넘치는 기를 소모적인 데서 생산적으로 사용하도록 바꿔주었다. 사랑이라는 묘약을 처방할 때는 상대의 기를 죽이지 않고 유연하게 만들도록 조절을 해주어야 한다.

진정한
용기란

●

용기란 두려워하지 않는 것이 아니라 두
려움보다 다른 것이 더 중요하다고 판단
하는 것이다.

○ 알프레트 아들러

한스 크리스티안 안데르센의 동화
『어머니 이야기』에는 용기가 어떤 것인지 잘 나와 있다.
몹시도 추운 어느 겨울밤에 '죽음'의 신이 아이
를 데려간다. 어머니는 아이를 찾기 위해 피가 흥건하도
록 가시나무를 안아주고서야 길을 알아내었고, 그 길로
열심히 달려가다 또 길을 잃은 채 노파를 만났다. 노파에
게 자신의 검고 풍성한 머리카락을 내주고 나서야 길을

찾을 수 있었다. 다시 아이를 찾아가는 길에 커다란 호수가 가로막았다. 이번에는 자기의 두 눈까지 빼주고 건너가서 기어이 사랑하는 아이를 만났는데, 아이는 수많은 꽃 가운데 파란 붓꽃으로 피어 있었다.

한 여인으로는 약하지만 어머니는 세상 누구보다 강하다. 내 아이를 구하기 위해서라면 내 붉은 피와 검은 머리카락과 두 눈도, 아니 생명도 아깝지 않은 것이다. 그러니 세상에 무엇이 두렵겠는가.

용기의 크기는 위협의 크기에 좌우되지 않는다. 어떤 위협을 이겨내야 할 매우 소중한 가치가 있다면, 그 위협이 아무리 커도 더 이상 두렵지 않은 것이다.

사람은 비판보다
칭찬에 더 약하다

●

누군가 나를 능멸할 때는 얼마든지 방어할 수 있지만, 칭찬할 때는 방어하기가 참 어렵다.

○ 지그문트 프로이트

비난에 넘어지는 사람보다도 칭찬에 넘어지는 사람이 더 많다. 칭찬은 고래만 춤추게 하는 것이 아니다. 냉철하기 그지없는 사람도 흔들어놓는다. 한 사람의 분별력을 잃게 하려면 모멸하는 방법도 있지만, 무조건 칭찬하는 방법이 더 효과적이다.

그래서 역적보다 간신을 더 조심해야 한다. 역적은 발각이라도 되지만 간신은 세상에 둘도 없는 충신으로 보인다. 역사적으로 역적에게 무너진 제국보다 간신에게 붕괴된 제국이 훨씬 더 많다.

　　간혹 아무리 모욕을 주어도 냉정을 잃지 않는 사람들이 있다. 하지만 이들도 아첨 앞에는 곧잘 무너진다. 물론 한두 번 아첨으로야 흔들리지 않지만, 그럴 때는 간신보다 더 공교하게 아첨을 떨면 가랑비에 옷 젖듯 아첨에 젖어들어 분별력을 잃는다.

　　달콤한 말은 항상 조심해야 한다. 입에 쓴 약이 몸에는 좋은 것이다. 특히 리더가 인정 욕구에 목마르면 부나방처럼 간신이 달려들게 되어 있다.

　　누군가를 무장 해제시키고 싶은가? 그 사람을 칭찬하라. 한 번으로 안 되면 두 번, 세 번 거듭 칭찬해보라. 상대가 눈치 안 채게 직접 칭찬과 간접 칭찬을 병행해보라. 굳이 말로 아부하지 않아도 경탄하는 눈빛과 몸짓을 사용해보라.

　　그런 아부성 칭찬에 자신을 지키려면, 칭찬하는 그 사람의 저의부터 살펴보라. 그리고 의심스러우면 과공비례過恭非禮라고 따끔하게 깨우쳐주라. 지나친 공손은 예의가 아니다.

8장

때로는
산다는
것이

알면서도
모르는 척해야 할 때

●

누가 현자인가? 무엇을 간과해야 할지를
잘 아는 사람이다.

○ 윌리엄 제임스

　　　　　살면서 보고도 못 본 척, 알면서도
모르는 척해야 할 때가 얼마나 많은가. 굳이 말할 필요가
없는데도 말하는 바람에 더 복잡해지는 일도 있다. 말이
란 항상 적어서 문제가 되기보다 너무 많아서 문제가 되
기 쉽다. TV에서 예능인들이 쉴 없이 떠들어대는 것은
시청자들의 이목을 잡기 위한 것이다. 그 내용을 보면 흥
미 위주이며, 특정 개인의 명예와는 관계가 없다.

그러나 우리 일상은 다르다. 내심 당신을 질투하는 사람은 당신이 몰라야 더 좋을 얘기를 생각하는 척하고 속삭인다. 우리가 몰랐기 때문에 그냥 지나가는 일이 얼마나 많은가. 죽고 못 사는 사이라도 때로는 귀찮을 때도 있는 법이다. 그 속을 일일이 다 알면 세상에 유지될 우정이나 충성심이 어디 있겠는가. 심지어 부모와 자식 사이에도 마찬가지이다.

　　　세상의 모든 것을 속속들이 아는 성자는 없다. 적당히 알고 적당히 모르니 성자 노릇도 하는 것이다. 모든 사람은 각자 자신만의 고뇌와 정서와 욕구가 있다. 우리는 특히 가까운 이에게 성자 노릇하라고 요구하는 경향이 있다. 무한 애정, 무한 충성, 무한 헌신을 바라는 것이다. 그러나 다시 강조지만 세상에 모든 것을 알고는 성자가 될 수 없다.

　　　우리는 성자 대신 현자를 요구해야 한다. 알면서도 눈감아주는 현자, 상대가 알려주지 않으면 더 이상 캐내려 하지 않는 현자. 그런 현자들은 관계 유지에 도움이 되지 않는 일들에 대해서는 굳이 알려고 하지 않는다. 세상일이라는 것이 서로가 모르면 그냥 살 수 있어도, 알고 나서는 덮어두기 어려운 일이 꽤 있다.

우리는 상상 이상으로
도덕적이며 부도덕하다

●

인간은 우리 생각 이상으로 도덕적이며,
상상 이상으로 부도덕하다. 인간성이 그
토록 비합리적이라 편견에 맞선다 해도
합리적인 토론만으로 영향을 끼치기가 쉽
지 않다.

○ 지그문트 프로이트

인간의 존재론적 딜레마가 있다. 자기 정당성과 객관성의 차이를 어떻게 메우느냐이다. 자기 정당성에 대한 확신이 없으면 자기 불신에 빠져 삶의 용기를 잃기 쉽다. 그렇다고 객관성이 없는 자기 정당성은 개인의 편견에 불과해 효용 가치가 적다.

세상에 핑계 없는 무덤이 어디 있으랴. 우리 모두는 자신의 어떤 감정과 행위에 나름의 이유가 있다. 나름대로의 이유 때문에 객관적 진실이 하나여도 각기 다른 견해를 내세우는 것이다. 서로 자신만이 옳다고 주장하는 일이 얼마나 많은가.

이런 백가쟁명식 난장판을 해소하고자 과반수라는 제도가 나왔다. 따라서 과반수로 결정되면 내 의견과 달라도 승복해야 한다. 하지만 속마음은 다르다. 과반수가 거짓에 휘둘렸다고 보고 결정을 뒤집을 방법을 찾는다. 그 방법이 마땅치 않으면 언젠가는 자기 의견이 과반수를 얻게 될 것이라는 신념을 버리지 않는다.

논리보다 인식이 부족해
더 실수한다

●

어떤 생각을 할 때 대부분의 실수는 논리
부족이라기보다 인식의 부족에 있다.

○에두아르 드 보노

누구나 자기 논리가 있다. 그 논리
가 타당한가, 그러지 않은가의 차이가 있을 뿐이다. 논리
가 타당하지 않은 사람은 태도 역시 명쾌하기 어렵다. 생
각을 해도 어떤 기준도 없이 중구난방이기 때문에 생각
마다 연결되지 않아 장고 끝에 악수를 두는 식이 된다.

주위에서 '너는 왜 꼭 손해 볼 일만 하느냐'는 말
을 듣는다면, 자기 논리가 객관적인 타당성이 있는지를

먼저 점검해봐야 한다. 논리는 인식에서 나온다. 인식은 방향이고, 논리는 전개이다. 어떤 인식이냐에 따라 느낌이 다르고 그 느낌에 따라 판단도 달리한다.

우리는 바르게 판단을 하고, 바르게 느껴야 한다. 바르게 느끼려면 인식을 바르게 해야 한다. 논리는 인식을 따라 전개되기 때문에 논리가 탁월하려면 먼저 인식을 적합하게 가져야 한다.

삐딱하게 보면 삐딱한 논리가 나올 수밖에 없다. 똑바로 보아야 논리도 균형이 잡힌다. 그러기 위해서는 인식의 지평을 넓혀야 한다.

대기업 등 앞서가는 조직들은 효과적인 의사 결정을 위해 '악마의 변호인'을 둔다. 주요 결정을 앞두고 주류와 반대되는 의견을 고의적으로 내놓게 해서 오류를 막으려는 것이다. 개인들도 생각의 오류를 막으려면, 나와 다른 생각들을 가진 사람의 말을 듣거나 책이나 자료 등을 잘 보아야 한다.

다른 이의 어둠을
잘 다루려면

●
자기 내면의 어둠을 잘 알아야 다른 사람
의 어둠도 잘 다룰 수 있다.

○ 카를 구스타프 융

사람들은 남의 눈의 티끌을 보면
서도 내 눈의 들보는 보지 못한다. 그러니 내 눈 속의 들
보는 놓아둔 채 상대편 눈 속의 티끌을 지적한다. 그러면
상대편은 너나 잘하라고 비난한다. 서로의 상처만 들추
어내는 꼴이다.

세상에 상처 없는 사람은 없다. 최적의 환경에서
성장하고 남부럽지 않게 살고 있다 해도 내면에는 누구

못지않은 상처가 있을 수 있다. 상처가 적다고 성숙한 인격이 아니다. 어떤 상처가 있더라도 잘 치유하면 성숙한 인격이다.

사람은 경험한 만큼 알게 된다. 실연을 당해본 사람이 실연의 심정을 알고, 배고파본 사람이 배고픈 심정을 안다. 그래서 레프 니콜라예비치 톨스토이가 '눈물 젖은 빵을 먹어보지 못한 사람과 인생을 논하지 말라'고 했던 것이다.

물론 세상 풍파를 다 겪어야만 한다는 것은 아니다. 사람마다 각자 처지에서 겪는 일들이 있다. 그런 일을 경험 삼아 남의 아픔도 이해할 수 있다. 하나를 미루어 열을 아는 것이다. 세종대왕은 왕궁에서 자랐지만 사서삼경, 『사기』 등 수많은 고전을 통해 세상을 알고 공감 능력을 길러 조선 최고의 성군이 되었다.

자기 속의 어둠도 모르고 그 어둠에 휘둘리는 사람은 다른 이의 상처를 볼 때 '너도 휘둘릴 것이다'라며 자기 어둠을 직관적으로 투사한다. 이것은 다른 이의 상처를 감싸주기보다 놀리고 괴롭히는 것이다. 내 속의 어둠이 무엇인지 알아야 다른 사람의 어둠도 보듬어줄 수 있다. 그럴 때 상처받은 치유자가 된다.

매뉴얼이 다 좋은 것만은
아니다

●
사람들을 징계 위주로만 다스리면, 어떤
일이라도 처벌을 피하려고 정해진 방식대
로만 한다.

○ 버러스 프레더릭 스키너

잘못도 그 의도에 따라 두 종류가
있다. 잘해보려다가 잘못한 경우와 처음부터 어깃장을
놓으려고 잘못을 저지른 경우이다. 두 경우를 다르게 대
해야 한다. 지금보다 더 잘하려고 새 방법으로 시도했더
라도 결과가 안 좋으면, 시키지도 않은 일을 했다고 야
단치기 쉽다. 에디슨의 어머니는 그렇게 하지 않았다.

어느 여름날 어머니는 학교를 다녀온 에디슨이

건네준 봉투 하나를 받았다. 선생님의 편지였다. 봉투에서 편지를 꺼내 읽던 어머니의 양 볼에 눈물이 주르륵 흘러내렸다.

　　"엄마, 뭐라고 써 있어요?"
　　"응. 내 아들이 천재래. 그래서 학교에 내 아들을 가르칠 만한 선생님이 없다는구나."

　　그날로 에디슨은 학교를 그만두었다.
　　먼 훗날 에디슨은 어머니가 돌아가신 뒤에야 편지의 내용이 다르다는 것을 알고 입을 다물지 못한 채 울기만 했다. 편지의 내용은 이랬다.

　　"에디슨 어머님, 아들은 정상이 아닙니다. 정신적으로 문제가 있어 어느 선생님도 가르칠 수 없어서 퇴학시켰습니다."

　　사람들은 자기 나름대로 방도를 찾아서 해보다가 잘못되었을 때 야단맞으면, 다음부터는 그런 노력을 포기하고 주어진 일을 정해진 대로만 한다. 매뉴얼대로만 한다는 것이다. 매뉴얼은 편리하다. 예견된 위험에 대해서도 기계적으로 대처하게 해준다. 대체로 일본 사회가 그렇다.

매뉴얼은 주로 과거 사례를 중심으로 만든다. 하지만 세상일이란 매뉴얼대로만 돌아가지 않고, 매뉴얼에 없는 일들도 발생한다. 그럴 때면 아무 대응을 못한다. 아수라장이 되고 마는 것이다. 선의의 잘못이라면 용인해주고 장려까지 해주어야 무엇이든 솔선해서 해결하려는 용기를 낸다.

그래서 만남이
중요하다

●

우리는 타인을 통해 우리 자신이 되어간
다.

○ 레프 비고츠키

      사람 인人 자를 보라. 서로 기대고
있다. 인간이란 그런 존재이다. 서로서로 필요로 한다.
나와 너가 만나면 우리이다. 개인은 이런 만남을 통해 우
리 안의 또 다른 내가 되어간다. 그래서 누구를 만나느냐
가 중요하다.

      더 중요한 것은 만남 이후 나의 태도이다. 특히
첫 만남에서 갖게 된 인상에 너무 의지해서는 안 된다.

유비도 그런 실수를 했다. 천하의 책사 방통을 처음에는 외모만 보고 멀리했다가 뒤늦게 알아보고 중용했다. 제갈공명의 아내 황씨는 못생긴 얼굴로 유명했다. 그러나 공명은 황씨의 지략을 보았고 기꺼이 인생의 동반자가 되었다.

무엇이든 첫 인상 때문에 단정 짓고 시작하는 것은 전체를 왜곡시킨다. 한 번 나쁘게 본 사람은 '저 사람은 나빠. 그러니 그가 했던 일들도 다 나빠. 혹 좋은 일을 했더라도 그 정도는 누구나 할 수 있는 일이며, 그냥 다 쇼야'라고 본다. 반면에 좋게 본 사람은 '이 사람은 좋아. 그가 하는 일은 다 좋고, 잘못한 일이 있어도 잘하려다가 실수한 것뿐이야'라고만 본다. 그러면 어떤 사이도 공정한 담론을 주고받기 어렵다.

우리의 만남이라는 것은 선택할 수 있는 부분이 제한적이다. 가족도 내가 택한 것이 아니고, 회사야 내가 선택하지만 직장 동료는 내 선택만으로 되지 않는다. 그만큼 내 의지와 달리 만나야 하는 사람이 많다.

마음에 들지 않아도 계속 만나야 할 사람들이 있다면 어떻게 해야 할까? 먼저 왜 그가 내 마음에 들지 않는지를 냉정하게 분석하라. 그 다음에는 그런 내 마음이 옳은가를 항상 자문해보라. 분명히 내가 오해한 부분도

있을 것이다. 그러면 상대의 잘못도 보이겠지만 전부가
아니라 부분이라는 것을 알게 된다. 그것만 해도 큰 수확
이다. 바로 그 잘못된 부분을 따르지 않겠다는 반면교사
로 삼으면 된다.

희망이 나를 만든다,
베토벤의 '황제' 처럼

●
우리는 경험의 총합일 뿐 아니라 우리가
되고 싶은 바로 그 존재이다.

○ 카를 구스타프 융

누구를 만나 무슨 경험을 하느냐
는 자신을 만드는 데 매우 중요하다. 하지만 그것만이 전
부는 아니다. 내가 무엇을 희구하느냐에 따라 나라는 존
재가 달라진다.

지금까지 내게 누적된 경험은 내가 원하는 것이
무엇이냐에 따라 인생에 큰 자원이 되기도 하고 무용지
물이 되기도 한다. 경험의 총합은 하나의 기질과 같은 명

사이다. 이 명사가 내가 무엇이라도 해보려고 할 때 동사로 전환된다. 어떤 경험이라도 아무 일도 안 하면 언뜻 떠오르다 사라지고, 무엇인가를 하려고 하면 스승이 되는 것이다. 내가 뭔가를 간절히 바라면 내 경험들이 돕는다. 그 도움의 힘은 현실이 절박할수록, 미래로 가려는 열정이 강할수록 강력해진다.

1809년 나폴레옹이 오스트리아 빈으로 진격하며 폭탄을 퍼붓기 시작했다. 빈의 왕족이나 귀족들이 앞다퉈 탈출했다. 그런데도 베토벤은 그대로 남아 〈피아노 협주곡 5번〉을 작곡한다. 작품명은 '황제'. 세상 어떤 곡보다도 당당하고 화려하다. 당시 베토벤은 청력이 약해지던 때라 포탄 소리에 귀를 보호하려고 가구 속에 들어가 머리에 수건을 두르고 있었다.

베토벤은 후원하던 귀족들이 모두 도피해 궁핍한 가운데서도 약해지기커녕 가장 선이 굵고 웅대한 곡을 만들었다. 베토벤이 전쟁의 아수라장에서도 불후의 명곡을 만들어낼 수 있었던 것은 현실에 포박되지 않는 정신 덕분이었다.

인간은 희망하는 존재이다. 무엇을 어떻게 바라느냐에 따라 현실에서 어떻게 할지가 결정된다.

쓸모가 있는 사람,
쓸모가 없는 사람

●

그 사람은 너무 지성적이라 그다지 쓸모
가 없다.

○ 게오르크 크리스토프 리히텐베르크

사람이라고 다 같지는 않다. 모든
사람이 인간으로서의 존엄성은 동등하지만, 인격이나
역량 등에서는 차이가 난다. 조직에서도 사람만 많다고
좋은 것이 아니다. 각 분야에 맞는 사람이 있어야 하다.

일반적으로 쓸모 있는 사람이 되려면 지성, 감
성, 의지 세 요소를 갖춰야 한다. 사람은 무엇인가를 알
아야 교류할 수 있다. 한국인이라면 한국어를 알아야 한

다. 안다는 것은 이해한다는 것이다. 이해하는 것에 대한 느낌이 곧 감성이다.

　　지성에 감성이 없으면 정적인 상태가 되지만, 함께할 때는 동적인 사람이 된다. 예를 들어 어떤 대상을 알기는 잘 알지만 느낌이 없다면, 그 관계란 그것과 그것의 사이일 뿐이다. 나와 너라는 인격적 관계가 아니라는 것이다. 이것이 주지주의의 한계이다.

　　그 대상에 대한 어떤 느낌, 즉 감정이 이입되어야 어떻게 해야겠다는 의지도 일어난다. 사회의 모든 조직, 즉 국가나 가정, 회사, 친구 등도 이런 범주에 있다. 어느 조직도 주지주의에 머물고 만다면 애국심, 효심, 우정, 애사심 등도 아무 느낌이 없는 한낱 구호에 불과하다.

　　상호 교류에서 생기는 다양한 감정이 곧 느낌이다. 따라서 건강한 만남, 미래가 있는 만남은 상호 교류를 어떻게 하느냐에 달려 있다. '그 사람 너무 지적이라 현실성이 없다'는 말은, 그가 오직 자신만을 위한 지식 쌓기에 몰두해 외부와 정서적 교감에 둔감한 정서적 저능아라는 뜻이다.

자기 기분을
잘 다스리는 사람

> ●
> 나이가 들고 성숙해지는 것과 정서적 지
> 능은 비례하는 경향이 있다.
>
> ○ 대니얼 골먼

　　　　지능지수와 감성지수는 그다지 관계가 없다. 지능지수나 감성지수 중 하나만 높은 사람, 둘 다 높은 사람, 둘 다 낮은 사람 등 다양하다. 두 기능을 담당하는 뇌의 영역이 다르기 때문이다.

　　다는 아니지만 고학력과 지능지수가 비례하는 경향이 있다. 학습 과정이 아무래도 정해진 답을 누가 잘 맞히는지를 따지는 지능 개발 위주이기 때문이다. 극히

평범한 지능지수로 변호사, 회계사 등 난이도 높은 자격증을 여러 개 딴 사람도 있다. 암기하고 정답을 찾는 것도 지능이 절대적이지만은 않다는 뜻이다.

지능지수가 단기 기억력, 추론력, 언어력 등이라면, 감성지수는 자기 정서와 외부 정서 파악, 파악한 정서의 이해와 조절로 구성되어 있다. 한마디로 상황 파악을 잘한다는 것이다. 감성지능이 높은 사람은 기능적이고 적응적이라서 불필요한 싸움에 덜 휘말린다. 이런 사람이 친구나 애인, 직장 동료이면 분위기가 훨씬 더 부드럽고 따뜻한 관계를 맺는다.

감성지수가 강하면 스트레스를 견디는 지수도 높다. 그만큼 감정 관리를 잘한다는 것이다. 감성지수가 높은 사람은 어디에 가도 적응하며, 어떤 조직도 단결시켜 직무 환경을 긍정적으로 조성하는 리더십을 발휘한다.

상대를 집요하게 비난하는 것은
내 약점 때문이다

●

누군가를 지속적으로 집요하게 비난하면
사실상 자신을 똑같이 자책하는 것은 아
닌지 의심해보아야 한다.

○ 지그문트 프로이트

어렸을 적 할머니가 들려준 이야
기가 있다. 호랑이는 고양이를 만나면 찢어 죽인다는 것
이다. 자기의 쭈그러든 모습이 생각나기 때문이다. 사실
고양이에게는 작지만 호랑이의 위엄찬 모습이 언뜻 보
이기도 한다. 그런데도 고양이가 애완동물 노릇을 하는
것에 호랑이가 분노한다는 것이다.

딱히 이유도 없이 싫은 사람의 스타일이 있는

가? 내게 그다지 잘못한 적도 없고 별로 질투할 사이도 아닌데, 누군가를 한두 번도 아니고 계속 트집 잡고 괴롭히는가? 속으로 그래서 안 된다면서도 보기만 하면 또 짜증을 내고 불쾌해하는가? 그것이 첩이 첩 꼴을 못 본다는 식이다.

지금 당신에게 그런 상대가 있다면 자신을 돌아보라. 내 안에 그 사람과 같은 스타일은 없는지, 내 무의식에 드러내고 싶지 않은 어떤 모습이 상대에게 보여 자극받은 것은 아닌지를 살펴보아야 한다. 만약 그렇다면 사실 상대 입장에서는 마른하늘에 날벼락처럼 황당하기만 한 일일 것이다.

별 이유 없이 누군가가 자꾸 싫어지면, 나도 모르게 내 안에 민망하게 여기는 어떤 것이 그 사람에게 투영되지는 않았는지를 먼저 반성해야 한다. 그래야 나도 몰랐던 나만의 수치, 내 안의 수치에서 벗어난다.

중요한
타인

●

사람은 집단 내에서 타인의 역할과 행동을 인식하고 자기를 표명하면서 인간적 특성이 형성된다.

○ 조지 허버트 미드

　　　　인간의 특성이 곧 사회적 정체성이다. 아기 때는 부모의 역할을 보고, 아동 때는 부모와 교사와 또래들의 역할을 보며 자기의식이 형성되어간다. 이처럼 자아의 형성에 자신과 관련된 다양한 집단의 구성원이 영향을 끼친다. 그중에서도 부모나 교사 같은 '중요한 타인significant other'이 결정적이다. 요즘은 대중매체 역시 중요한 타인 중의 하나가 되었다.

자기의식을 자아라고 본다면, 자아는 주체적 자아I와 객체적 자아me로 구분할 수 있다. 주체적 자아가 강하면 자기도취에 잘 빠지고, 객체적 자아가 강하면 남의 시선을 지나치게 의식한다. 여기서 주의할 것은 주체적 자아와 객체적 자아가 분리되어 있지 않고 비례적인 하나임을 잊어서는 안 된다는 점이다.

　　　자기 객관화는 내가 나를 보는 것이다. 자기를 객관화하려면 주체적 자아로 객체적 자아를 보거나, 객체적 자아로 주체적 자아를 보는 방식이 있다. 아무래도 어려서는 자아 중에 객체적 자아의 비율이 더 크지만, 성장해서는 주체적 자아의 비율이 더 커져 사회적 기대도 아랑곳하지 않고 마이 웨이를 가려 한다. 두 자아의 비율이 적절해야 소신을 지키면서도 타인과 잘 어울릴 수 있다.

카스트의 힘이
군중의 충동보다
더 위험하다

●

군중의 힘도 두려운 것이지만, 특정 계층
의 힘은 훨씬 더 두려운 것이다. 군중은 어
떤 신념으로 설득하느냐에 따라 요동이라
도 치지만 특정 계층은 결코 그렇지 않다.

○귀스타브 르 봉

기존 체제를 뒤엎었던 프랑스혁
명, 4·19혁명, 파리코뮌, 신해혁명 등을 보면 군중의 힘
이 얼마나 엄청난지 알 수 있다. 군중의 힘을 이용해 영
웅이 되거나 구체제를 혁파하기도 한다. 마틴 루터 킹은
"나에게는 꿈이 있습니다"라는 연설 등으로 흑인 민권
향상에 큰 업적을 남겼다.

군중 심리를 악용하는 사례도 많다. 군중의 힘으

로 역적을 만들고 군중을 선동해 민주 체제를 다시 파시즘으로 되돌려놓기도 한다. 나치의 선전부장 파울 요제프 괴벨스가 그러한 사례이다.

군중의 힘은 누가 어떻게 충동하느냐에 따라 분출하는 방향이 달라진다. 개인이 군중에 속하는 순간 개성을 잃고 충동적 본능에 따라 움직인다. 여기에는 지성인도 예외가 아니다. 일단 군중이 되면 논리가 아니라 감정에 따라 움직인다. 그 감정을 잘 유인해내는 사람이 군중의 지도자가 된다.

군중은 어떻게 유인해내느냐에 달려 있지만 이런 유인이 잘 통하지 않는 특정 그룹이 있다. 귀족들이다. 이들 그룹은 자신들의 기득권에 위협이 되면 어떤 것도 훼방을 놓는다. 그래서 유인도 설득도 잘 되지 않는다. 무슨 무슨 협회 등으로 모여 입법 로비나 여론 조작을 통해 기득권을 공고히 할 궁리를 한다. 기존의 법과 제도를 자신들의 이해관계에 맞춰 운용하거나 개정하려고 한다. 과연 오늘날 귀족은 어느 집단일까?

어제와 오늘과
내일이라는 시간

●
사는 동안은 어제로부터 배우고 오늘을 살
고 내일을 희망하라. 오직 시간만이 인생
의 여정에서 무엇이 중요한지를 보여준다.
○ 멜라니 클라인

당신은 인생에서 무엇이 제일 중
요한가? 자녀인가, 돈인가, 애인인가, 기업인가? 무엇이
되었든 시간이 없다면 아무 의미가 없다.

시간은 모든 것을 되돌려놓기도 하고 모든 것을
사라지게도 한다. 생로병사도, 만남과 이별도, 분노와 용
서도, 명예와 비굴함도 다 시간 속에서 흥기하고 시간과
함께 소멸하는 것이다. 시간이 제일 귀중한데도 우리는

시간보다 훨씬 가치가 작은 것들을 위해 시간을 아끼지
않고 있다.

　　　　과연 인간에게 시간이란 무엇이며 어떻게 존재
하는 것일까? 과거는 우리 기억 속에, 현재는 느낌으로,
미래는 기대 속에 있다. 따라서 과거라는 시간은 경험을
사장시키면 증발하고, 미래라는 시간도 역시 꿈을 잊어
버리면 무의미해진다. 과거와 미래를 의미 있게 만드는
시간이 현재이다.

　　　　이런 시간들을 가치 있게 사용하려면 어떻게 해
야 할까? 현재를 중심에 두고, 미래의 멋진 기대를 향해
과거의 경험을 잘 활용하는 것이다. 그렇게 현재를 생생
하게 살면 과거도 미래도 오늘의 시간과 연결이 된다.

9장

사랑하며
자존감을
지키며

역사는
반복되는가

●
역사는 지나간 사람들의 실수를 새로운
사람들이 반복하는 것뿐이다.
○지그문트 프로이트

역사는 진보하는가, 퇴보하는가? 나날이 누적되고 차원이 다른 새로운 기술로 볼 때는 진보가 맞을 수도 있겠다. 하지만 인성과 의식은 세대교체로 도돌이표처럼 맴돌거나 오히려 퇴보한다고도 볼 수 있다. 현자나 아둔한 자나 생로병사를 벗어날 수 없다.

아무리 뛰어난 사람도 학습과 연구 과정을 통해 큰 성과를 내는 기간은 한정되어 있다. 그 시기가 지나면 세상을 하직할 때가 된다. 이러한 코스를 다음 세대가 또 답습하고 그 다음 세대가 또 답습하는 것이다. 역사를 알아야 할 이유가 여기에 있다. 과거의 실수에서 배우지 않으면 그 실수를 또 반복한다.

역사를 잊은 민족에게 어떤 미래가 있겠는가. 역사도 현학적인 지식 위주가 아니라, 인간사에 빈발하는 문제가 무엇인지 직시하고 대안까지 모색해야 한다. 그래야 역사적 실책을 반복하지 않는다.

공자는 제자들에게 각골난망刻骨難忘, 즉 남에게 받은 은혜는 뼛속에 새기라고 가르쳤다. 우리 역시 과거 역사를 각골난망하지 않으면 똑같은 실수를 반복한다.

당신의
인생 스케치를
가다듬어라

●
라이프스타일의 구도는 어떻게 형성될
까? 생의 초기에 어떤 어려움을 벗어나려
는 노력의 과정에서 형성되기 시작한다.
○ 알프레트 아들러

당신의 라이프스타일은 어떠한
가? 무슨 일을 하든 사람마다 삶의 방식이 있다. 라이프
스타일은 취향과 같은 것으로 의식주나 수면, 휴식, 교제
방식 등에서도 나타난다.
한 사람의 라이스프타일은 빠르면 다섯 살 무렵
부터 시작되어 열 살이면 확실하게 나타난다. 그 시기에
반복되는 생활 구조와 경험이 라이프스타일의 밑그림이

된다. 특히 어떤 욕구에 대한 결핍이나 강렬하게 만족했던 느낌이 더욱더 결정적이다.

이 과정은 화가가 그림을 그리기 전의 스케치와 비슷하다. 첫 스케치가 멋지면 아무래도 명작이 나오기 쉽다. 첫 스케치가 엉망이라도 낙담할 필요는 없다. 화가의 첫 스케치는 본인이 그리지만, 인생의 첫 스케치는 양육자나 주변인이 그린다. 그래서 첫 스케치가 내 의지와 달리 대충 그려졌다 해도 고치고 또 고치면서 잘 고쳐만 가면 불후의 명작이 나온다. 라이프스타일을 스케치라고 한 이유가 여기에 있다.

자신의 라이프스타일이 행복에 방해가 된다면 바꾸어가라. 너무 어렵게 자라서, 너무 귀하게 커서 등등으로 양육 환경을 탓하지 말라. 아들러 심리학의 핵심은 라이프스타일이 금강석처럼 고정된 것이 아니기 때문에 내가 필요한 형태로 교정해갈 수 있다는 것이다.

한 부분에만
집착하지 마라

●
진실과 거짓은 한 사람의 진술에 있다기
보다 하고 있는 일, 타인과 사물에 대한
실제적인 반응, 정의를 행하며 살려는 의
지 등 전체적인 맥락에 달려 있다.
○ 막스 베르트하이머

막스 베르트하이머는 게슈탈트
심리학을 창시한 학자이다. 이 심리학은 인간의 심리를
감정이나 감각의 집합으로만 보지 않고 관계적 맥락까
지 포함해 이해하고자 한다.

사람마다 내면에 인지하는 패턴이 있다. 이 패턴
에 따라 외부 자극을 이해한다. 어떤 사건의 진실도 전체
패턴 속에서 이해해야 하듯이, 개인의 심리를 정확히 이

해하려면 이 인지 패턴을 먼저 파악해야 한다.

어느 누구나 완벽하지 않기 때문에 한 사람을 알고자 하면 하나의 사안만 분리해놓고 좋고 나쁘고를 규정지으면 안 된다. 그런 낙인이야말로 아무 도움이 되지 않고 서로를 소심하게 만드는 함정이다.

셰익스피어의 4대 비극 중 하나인 『베니스의 무어인 오셀로의 비극』(약칭 『오셀로』)에 나오는 주인공도 그런 함정에 빠졌다. 존경받던 오셀로 장군은 자기 아내가 불륜을 했다는 거짓말을 듣고 아내를 의심하다가 살해했다. 뒤늦게 아내의 결백을 알고 수치심을 이기지 못해 자결한다. 이후 의처증이나 의부증 등의 부정 망상을 통틀어 '오셀로 증후군'이라고 한다.

이처럼 상식을 벗어나는 망상은 전체를 보지 못하고 부분에 집착하는 미숙한 자아에서 비롯된다. 부분보다 전체의 맥락을 보려는 의지를 가져야만 그런 망상도 해결된다.

착시 현상에
빠지지 않으려면

●

게슈탈트 이론의 기본은 전체에 개별의
특성에서 추론될 수 없는 맥락이 있다는
것이다. 전체의 본질이 부분, 부분의 과정
그 자체를 결정한다. 즉 일부에 발생하는
것은 전체 내부 구조의 원리에 따라 결정
된다.

○ 막스 베르트하이머

게슈탈트는 독일어로 전체 형태, 구조, 모양이라는 뜻이다. 일련의 점들이 직선으로 인식되는 것처럼 전체는 부분을 합쳐놓은 것 그 이상이다.

우리는 어떤 대상을 볼 때 심리적 패턴으로 본다. 부분, 부분을 보지 않고 전체를 보기는 하는데, 그중에 관심을 두는 부분을 더 부각시켜 지각한다. 이 패턴에 따라 대상은 '전경figure과 배경ground'으로 구분된다. 관심 있는 부분이 전경이고, 관심 없는 부분은 배경이 된다. 쉽게 말해 주된 관심사만 눈에 확 들어오고 나머지는 관심사 아래에 깔리게 된다. '뭐 눈에는 뭐만 보인다'는 식이다. 생각하는 대로 보고 좋아하는 것만 본다.

그래서 전체를 부분으로 환원하려 하면 착시 현상이 일어난다. 이 현상에는 몇 가지 원리가 있다. 먼저 유사성으로, 살구를 보면 침이 나오듯 서로 연상을 일으킨다. 다음은 근접성이다. 눈에서 멀어지면 마음에서도 멀어진다는 것이다. 그리고 미완성의 형태로 남아 있는 어떤 틈이나 공백을 채워져 있는 것으로 보며 안정감을 느끼려 한다. 그래서 모양이나 색이나 방향, 크기들을 이해하기 쉽게 그룹화한다.

인간이 사물에 예측 가능한 형태를 부여하는 것은 심리적 평형을 유지하기 위해서이다. 인간에게는 심리적 패턴화의 원리가 편리하기는 하지만, 객관적 실체와 주관적 해석의 갭을 만드는 주요한 요인이다.

하나만 알고
둘은 모르는 전문가

●
경쟁이 치열할수록 전문 분야가 더 좁아
져 마침내 모든 것에 대해 아무것도 알지
못하게 된다.

○ 콘라트 로렌츠

인류는 오랫동안 자급자족을 해 왔다. 그런 시대에는 출세에 별 욕심이 없으면 편안히 살 수 있었다. 시골에서 물 한 바가지만 마시는 단표누항單瓢陋巷을 하면서도 그런 가난도 즐거워하는 안빈낙도安貧樂道가 가능했다. 도연명의 『귀거래사歸去來辭』나 고려시대의 〈청산별곡〉이나 조선 사대부의 전원시도 탄생할 수 있었다.

산업화 이후 도시 집중과 더불어 모든 분야가 전문화되기 시작했다. 전문화는 곧 세분화이기 때문에 전문가가 된다는 것은 각기 분야별로 칸막이를 쳐놓고 다른 분야는 모른다는 뜻이다.

자급자족의 시대에는 각자 집도 짓고 농사도 짓고 텃밭도 가꾸었다. 물론 소금 등 직접 생산할 수 없던 것들은 구입했지만, 각자 사는 모습들이 엇비슷했다. 그런 시기에 인류의 보편적인 교훈들이 나왔다. 지금도 그 교훈들을 넘어서지 못하고 각주를 다는 정도이다.

세분화될수록 전체를 보는 관점이 부족해진다. 전문성 강화가 일반 준칙에 대한 무지를 불러온 것이다. 이처럼 깊이에의 강요가 전체의 무지를 낳았을 뿐 아니라 더 심각한 것은 깊이를 가능하게 하는 주변과 단절해야 하는 이율배반적 상황이 조성되었다. 전문가적 우월의식과 경쟁의식이 독점의 형태로 나타나면서 전문성의 존재를 가능케 하는 다른 기능들이 쇠퇴해버린 것이다.

자연은 유기적이다. 다른 종의 생명체나 다른 대상이라도 자연의 원리에 따른 패턴의 동질성이 있게 마련이다. 이 같은 패턴의 특성을 이해하지 못하면 특정 분야만의 전문성은 그다지 가치가 없다.

어제로부터
자유로우려면

●
과거를 모르면 과거에 속박되고, 과거를
알고 이해하면 과거로부터 자유로워진다.
확실하게.

○ 지그문트 프로이트

　　　　　　　　과거에서 자유롭다는 것이 무슨
뜻일까? 과거란 '있었던 경험'이다. 무시한다고 사라지
지 않는다. 억압되어 있을 뿐이며, 나도 모르게 묶여 있
는 것이다. 내가 어떤 과거에 묶여 있는지를 알면 그때부
터 자유로워지기 시작한다. 여기서 안다는 것은 집착한
다는 것이 아니라 이해한다는 것이다.

　　　오늘의 쓰라린 감정이 어디서 왔는지를 모른다

면, 장미를 손질하다가 손에 가시가 박혀 아픈데도 가시가 박힌 줄을 모르는 경우와 비교할 수 있다. 가시 때문인 줄 알아야 뽑아내고 다시 가시가 박히지 않게 조심할 수 있다.

『논어』에 '불천노 불이과不遷怒 不貳過'라는 말이 나온다. 같은 화를 두 번 내지 않고, 같은 실수를 두 번 저지르지 않는다는 뜻이다. 공자가 제일 아꼈던 제자 안회를 두고 한 말이었다.

안회가 실수에서 자유로워질 수 있었던 것은 언제 어떤 식으로 실수했는지를 이해했기 때문이다. 그런 안회를 '호학好學'이라고도 불렀다. 그가 워낙 배우기를 좋아했던 것이다. 그의 배움은 반성을 통해 더 나은 미래로 나아가기 위한 것이었다.

과거가 좋았든 싫었든 매이지 않으려면 기억을 하더라도 이해하고 있어야 한다. 기억만 하면 과거에 묶이게 된다. 안다는 것은 이해한다는 것이다. 알면 이해하고 이해하면 달리 보인다. 이해하면 과거의 성공이나 실패도 현재의 시각에서 재해석하는 여유를 갖는다. 이것이 자유이며, 자유란 시간의 흐름 속에서 기억된 사건을 분석하고 재정의할 수 있는 힘이다

자존감을 살려주는
사랑

●
사랑한다면 서로의 욕구를 내려놓는다.
욕구를 내려놓지 않으면 진정한 사랑은
없다. 사랑이 갈망과 박탈에서 비롯되었
다면 그런 사랑은 자존감을 낮추게 된다.
○ 지그문트 프로이트

당신은 어떤 사랑을 하기 원하며,
어떤 사랑을 받기 원하는가? 나를 돋보여줄 사람인가,
출세에 도움을 줄 사람인가? 그러나 사랑은 동업자를 찾
는 것이 아니고 동반자를 찾는 것이다.

만약 자기 결핍을 채우려고 사랑을 택한다면, 그
결핍이 사라지면 또 다른 사랑을 찾는다. 결핍은 외모,
재산, 명예 등 여러 욕구가 기대만큼 채워지지 않은 것이

다. 욕구가 채워지지 않으면 그만큼 더 갈망하게 되어 있다. 결핍이 갈망의 요인이기에 결핍이 사라지면 갈망도 없어진다.

결핍을 채우기 위해 사랑한다고 해도 인간적인 신뢰를 동반해야 한다. 그렇지 않고 오직 결핍을 채우는 수단으로만 이용하는 사이는 동업자 관계를 벗어나기 어렵다.

오늘날은 어떤 결핍으로 인한 갈망을 채우기 위해 사랑을 시작하는 사람이 많은 듯하다. 비록 사랑의 시작이 그러했더라도 상대를 자신의 결핍 욕구를 채워주는 대상으로만 보지 말고 인격적인 신뢰를 쌓아가야 한다. 사랑의 동기야 어떠했든 일단 시작했으면 삶을 나누는 동반자로 나아가야 한다.

깊이가 없는 사람은
얕은 곳에서도 넘어진다

●

깊이가 없는 사람은 얕은 곳에도 잘 빠진
다. 진한 어둠에 드러나지 않은 빛이 없듯
삶의 깊이가 곧 삶의 잠재적 높이와 같다.
○카를 구스타프 융

"저 사람은 다 좋은데 너무 가벼
워." 귀가 얇은 사람들이 이런 평가를 받는다. 착하고 순
진하지만 무슨 말에도 잘 흔들리는 사람들이다. 순진하
면서도 지혜롭다면 얼마나 좋을까? 여러 일을 겪어 지혜
로우면서도 인간적 순수성을 지켰다면 정말 훌륭한 사
람이다. 그런 사람들은 사색의 깊이가 깊다.

깊은 사색은 도리를 지키면서도 여러 상황을 잘

극복해 나가도록 해준다. 삶의 경험이 아무리 많아도 사색의 깊이가 없으면 바람 따라 날아다니는 낙엽처럼 수시로 표변한다. 그만큼 깊이가 없고 중심도 없는 것이다. 이런 사람들과 함께하려면 어느 장단에 춤을 추어야 할지 모를 일이 많이 생긴다.

"저 사람은 처음에는 어색해도 사귈수록 깊은 맛이 난다." 자기 내면의 중심이 있고 사색의 깊이가 있는 사람들이 이런 말을 듣는다. 사색의 깊이가 존재의 깊이이며, 존재의 넓이와도 연결된다.

뿌리 깊은 나무가 바람에 흔들리지 않는다. 존재의 깊이가 있는 사람은 일관성을 유지하면서도 그 이상으로 세상을 폭넓게 본다. 자기중심이 있되 열려 있어 완고하지 않기 때문이다.

'희망 없이 공포 없고 공포 없이 희망 없다.' 바뤼흐 스피노자의 명언이다. 인생의 깊이를 숙고하는 사람은 인격도 그만큼 고매해진다.

인생은
흐른다

●
삶의 철학에서 정작 중요한 것은 목표 획
득보다도 그 과정에서 만나는 여러 경험
이다.

○ 헨리 해블록 엘리스

인생에 목표가 없다면 그만큼 자
기 삶을 방치하는 것이다. 목표가 잘못되었더라도 없는
것보다는 낫다. 그런 목표라도 있으면 반성하고 더 나은
목표로 수정할 수 있다.

그렇다고 목표가 인생의 목적은 아니다. 목표라
는 말이 그 어감 때문에 마치 삶의 이유인 것처럼 보이
지만 목표는 어디까지나 삶의 동기 부여를 위한 수단이

다. 그래서 내 삶을 위해 목표를 교정도 하고 보완도 하는 것이다.

목표의 또 다른 기능은 그 목표가 아니었으면 겪지 못할 과정의 경험들이다. 설령 목표가 이루어지지 않았어도 좋다. 너를 사랑했기 때문에, 무엇을 이루려고 했기 때문에 삶의 굴곡이 생기는 것이다.

흔히 굴곡 없는 삶이 좋다고 하지만 착각이다. 인생이 한없이 머물러만 있다면 굴곡 없는 삶이 좋다. 그러나 우리 삶은 머물지 않는다. 살아놓고 보면 굴곡진 인생만큼 재미있는 생애도 없으며, 평탄한 인생만큼 무미건조한 삶도 없다.

세상 모든 것은 시작이 있으니 끝이 있다. 인생도 당연하다. 시작과 끝이 있기에 인간은 삶의 과정에서 만나는 경험이 소중하다. 유한한 삶의 과정에서 여러 경험들을 귀하게 보면 목표 달성도 어렵지 않고, 그 후에도 경험이라는 소중한 자산을 삶의 보람으로 간직할 수 있는 것이다.

존엄 있는
생의 마무리

●
자살은 결코 바람직하지 않다. 하지만 인
간의 기본 권리이기에 자살을 비인간화,
유아화해도 되는 권리가 사회에는 없다.
○ 토머스 사스

자신의 출생은 의지와 상관없으
나 그 후의 삶과 죽음은 자신의 권리에 속한다. 이런 권
리 때문에 자기 삶에서처럼 죽음 앞에서도 담담할 수 있
는 것이다. 죽음에는 자연사와 타살과 자살이 있다. 타살
은 타인의 최후 권리를 강탈하는 치유할 수 없는 근원적
죄악이다. 자살은 자기라는 존재론적 최후 권리를 행사
하는 것이지만 고무하거나 조장해서는 안 된다.

그렇다고 생명 경시라거나 인내력 부족이라고
비난하는 것도 피해야 한다. 프랑스 사회학자 뒤르켐은
'모든 자살은 사회적 타살'이라고 보았다. 절망이 희망
보다 더 큰 사회에서는 자살이 늘어날 수밖에 없다. 누구
나 희망을 품고 살 만한 풍토를 만들면 자살도 줄어든다.

　　다음으로 중병이나 노화 등으로 연명치료를 받
아야만 존재할 수 있는 상황에서 선택하는 안락사가 있
다. 프로이트는 구강암에 걸려 16년 동안 투병 생활을
견뎌냈다. 그는 83세에 "더 이상의 삶은 무의미하고 고
통에 불과하다"며 동료 의사에게 고용량 모르핀을 투여
해달라고 부탁해 눈을 감는다. 생태학자 데이비드 구달
은 104세에 존엄사를 택하며 "내 삶에 더 이상의 기쁨
이 없다"고 했다. 두 사람과는 약간 다르지만 『안티 오이
디푸스』와 『천개의 고원』이라는 책을 펴낸 철학자 질 들
뢰즈는 70세에 투신으로 삶을 마감했다.

　　한 번 왔다 가는 내 인생이 얼마나 존엄한가. 자
기 존엄을 지키며 잘 사는 것만큼이나 잘 마무리하는 것
도 중요하다. 다윈이 임종을 앞두고 아내의 손을 잡으며
말했다. "나는 죽음이 전혀 두렵지 않아." 이들은 삶 앞
에서 당당했던 것처럼 죽음 앞에서도 당당했다.

인간다움에 대한
네 단어

●

이해력, 방향 감각, 비판력, 창의력.
○ 알프레드 비네

　　　　　　　　　　무엇이 인간적일까? 지식일까?
이제 지식은 인공지능이 어떤 사람보다도 더 많이 소유
하게 되었다. 그러면 인품일까? 인품이 인간적이라는 것
을 부정하기는 어렵다.

　　　　그렇다면 사람다운 품성이란 무엇일까? 먼저 이
해력이다. 사람이 입력과 출력만 한다면 기계와 다를 바
가 없다. 무엇을 입력하든 그 내용을 소화해서 제때에 맞

취 출력할 수 있어야 한다.

배우긴 많이 배웠는데 막상 실용적으로 아는 것이 별로 없는 사람도 있고, 많이 배우지 못했어도 필요한 만큼 잘 아는 사람들이 있다. 그만큼 입력한 것에 대한 주체적인 이해의 힘이 중요하다.

자신이 아는 것을 설명하는 힘이 이해력이다. 누구나 어느 정도의 이해력은 있다. 하지만 무조건 암기만 하는 것보다는 원리를 이해하려고 노력해야 그 이해력도 늘어난다. 어떤 원리든 이해하면 하나를 배울 때 열을 깨닫는다. 왜 지금 이러한지를 이해해야 어디로 가야 하는지도 안다.

이해력을 기반으로 한 순간적인 방향 감각이 곧 직관이다. 직관이 저 멀리의 비전을 뚜렷하게 바라본다면, 그 비전에 맞춰 현재를 조정하는 힘이 비판력이다. 흥미로운 연구 결과는 비전과 현재의 차이가 클수록, 그 비전에 대한 열망이 강할수록 창의력도 활발하게 움직인다는 것이다.

도전에 대한
응전

●
내 인생에 대해 오로지 나 혼자만 디자인
하고 지시하거나 결정을 내리지도 않았
다. 그 과정에 항상 어떤 일들이 일어나며
나를 만들어갔다. 그것이 인생이다.
○ 버러스 프레더릭 스키너

내가 나로 살아야 하는 것은 맞다.
한 번뿐인 인생을 자신감 있게 주체적으로 살아야 한다.
그래야 자존감을 지켜 나간다. 물론 주체적으로 산다고
해서 다 내가 원하는 대로 되는 것은 아니다. 여기에 주
체적인 삶의 매력이 있다.

내가 내 인생을 디자인하고 판단하지만 그 과정
에는 여러 변수가 개입되면서 본래의 디자인과 판단을

수정해간다. 어느 누구도 본래 자신이 원하던 대로만 살 수 없다. 설령 자신이 원하던 대로 삶이 전개된다고 해도 과연 그것이 최선일까? 안정된 삶을 원해 공직에 갔다가 본의 아니게 그만둔 후 사업가로 성공한 사람도 있다.

시대정신이 그러하듯 개인의 여정도 도전과 응전이 빚어낸다. 새 시대가 요구하는 역량과 정신을 가다듬다 보면 어느덧 자신이 새로워지는 것을 느낀다. 사람이 환경을 만들기도 하지만 환경이 사람을 만들기도 한다. 똑같은 도전을 받아도 어떻게 응전하느냐에 따라 판이한 결과가 나오기도 하는 것이다.

문명을 주도하는 사람들은 창조적으로 세기적 도전을 극복해가는 소수이다. 이들 창조적 소수가 주도적으로 도전 과제를 만들어내기도 한다. 도전 과제를 자기가 만들면 그만큼 응전하기가 용이하다. 이들도 자신의 성공에 안주해 새로운 도전을 거부하면, 또 다른 창조적 소수의 도전 앞에 소멸한다.

아무리 성공했어도 겸손해야 한다. 성공한 자신을 우상화하는 오만이 바로 휴브리스Hubris이다. 이런 오만에 빠지면 자신의 견해가 화석처럼 굳어져 변화에 제대로 대응하지 못하고 금세 구식으로 전락한다.

당신의 얼굴은
몇 개인가요

●
우리는 인생길에서 천의 얼굴로 변장하는
자기 자신을 수없이 직면한다.
○ 카를 구스타프 융

나의 외모는 하나이지만 마음속
은 하나가 아니다. 내 안에는 또 다른 내가 많이 있다. 노
래 〈가시나무〉의 가사처럼, 내 속에는 내가 너무 많은 것
이다.

그래서 겉모습만으로 사람을 대했다가 큰 코 다
치기 십상이다. 약해 보이는 사람이지만 속에는 호랑이
가 웅크리고 있을 수 있고, 강해 보여도 토끼처럼 여린

사람이 있다. 겉과 속만 다를 뿐 아니라 그 마음도 상황에 따라 달라지기 쉽다.

왜 우리는 이렇게 여러 모습을 지니고 있을까? 나라는 개인을 둘러싼 세상이 그렇게 돌아가기 때문이다. 오전에 결혼식에 가서 웃었다가, 오후에 장례식에 가면 슬퍼해야 한다. 나라는 개체는 하나이지만 내가 직면해야 하는 상황들이 달라진다.

상황은 공간과 시간이 만들어낸다. 나의 모습도 어떤 시간과 공간이냐에 따라 달라져야만 한다. 그렇게 익숙해지면 그 공간과 시간에 맞춰 자신이 자동으로 변하게 된다. 회사에 가면 직장인으로, 집에 오면 가족으로, 친구를 만나면 친구 노릇을 하는 것이다.

개인적으로 좋은 일이 있어도 다들 우는데 웃을 수 없고, 힘겨운 일이 있어도 다들 웃으면 혼자 울 수가 없다. 그런 자신을 보면 인생이라는 무대에서 천의 얼굴을 해야 하는 배우라는 생각도 든다. 그래서 일찍이 셰익스피어는 희극『뜻대로 하세요』에서 "온 세상이 무대라면 모든 사람은 배우"라고 설파했다.

늘 절정과
마무리가
중요하다

세 개의
가면

집에서의 나, 회사원으로서의 나
는 다른 모습일 수밖에 없다. 친구로서의 나와 사장으로
서의 나도 다를 수밖에 없다. 여기서 다르다는 것은 본래
의 나를 감춘 이중적이라는 말이 아니다. 다른 태도, 다
른 자세, 다른 용어, 다른 분위기에 적절한 처신을 말하
는 것이다.

우리는 생애 초기에 본래 내 모습대로만 살지만,

말을 배우고 사물을 구별하기 시작하면서 하나둘씩 감춰야 할 일들이 생겨난다. 이런 일들은 사회화를 위한 학습을 받으며 한층 더 늘어난다. 할 수 있는 일도 친구끼리만, 연인과만, 직장에서만, 가족과만으로 구별되면서 다른 모임에서는 해서는 안 되는 일들이 생겨난다. 누구를 어디에서 만나느냐에 따라 다른 모습을 보여야만 하는 것이다.

이렇게 생겨난 사회적 가면이 페르소나이다. 이 가면은 처신에는 유용하지만 자기 소외의 한 요인이 된다. 자신의 존재 모두가 사회적으로 수용되지 않고 일부분씩만 인정되기 때문이다. 여기서는 웃어야 하고, 저기서는 울어야 하고, 어느 곳에서는 품격 있어야 하지만 다른 곳에서는 망가진 모습도 보여야 어울릴 수 있다.

사회적 가면이 많으면 그만큼 더 지치기 쉽다. 이러한 가면은 많아야 다섯 개 이하로 줄여야 한다. 가면을 줄일수록 파편화된 분야별 룰에 따라 살기보다 온전하게 자기 자신으로 살 수 있다. 제일 적당한 가면의 수는 세 개 정도이다.

누군가에게
상처받았을 때

●
바보는 용서하지도 잊지도 않는다. 순진
한 사람은 용서하고 잊어버린다. 현자는
용서는 하지만 잊지는 않는다.

○토머스 사스

　　　　살다 보면 상처를 주기도 하고 받
기도 한다. 의도하든 의도하지 않았든 어떤 상처는 쉽게
아물지만 오래 가는 것도 있다. 그래도 상처에 매여 있으
면 다른 일에 집중하기 어렵다. 상처란 늘 생겼다 없어지
는 것이 다반사라고 여기면 마음이 한결 가볍다.

　　　　따지고 보면 상처는 주는 사람의 몫이지 받는 사
람에게는 책임이 없다. 내 책임도 아닌데 내가 왜 괴로워

야 하는가. 이런 관점만 가져도 한결 마음이 편하다. 그러지 않으면 상처를 받은 사람만 괴로워할 뿐이며, 일부러 상처 준 그 사람을 기쁘게 하는 꼴이 된다.

　　아무리 약을 올려도 대꾸가 없으면 약 올린 사람만 더 괴로운 법이다. 상대가 고의로 상처를 주었을 때는 다른 목적이 없다면 가능한 범위 내에서 그 사람이 합당한 대가를 치르도록 해야 한다. 무조건 잊어버리는 것은 자기 가치를 저하시키는 것이다. 다른 목적이란 어떤 전략에서 상대의 행위를 묵인하는 경우이다.

　　상대가 고의가 아니라 실수로 상처를 주었을 때는 그냥 용서해야 한다. 다만 그런 실수가 반복되지 않기 위해 주의를 주면 된다. 용서는 강자가 하는 행위이며 동시에 나를 위해서 하는 것이다.

무엇이 운명을 결정하는가

●

사람이 자기 습관을 결정하면, 그 습관은
그 사람의 운명을 결정한다.

○ 윌리엄 제임스

칸트는 라이프사이클이 틀리지
않는 시계처럼 정확했다. 행동주의 심리학자 스키너도
기계처럼 규칙적으로 생활했다. 반면에 피카소나 프리
다 칼로 같은 이들은 무질서한 삶을 살았다. 운명을 결정
하는 습관은 규칙적이냐 아니냐보다 그 습관이 지향하
는 이상이 중요하다.

피카소는 입체파 예술의 혁명을 지향했고, 칸트

는 정확한 이성의 공적 사용을 꿈꾸었다. 스키너는 실험을 통해 '조건화'와 '조작적 강화' 이론을 정립했다. 프리다 칼로는 난관으로 가득한 삶 속에서도 멕시코의 토속 문화와 정체성을 구현하는 데 심혈을 기울였다.

한 사람의 운명은 누가 결정하는 것이 아니라 자기에게 달려 있다. 무엇을 지향하느냐에 따라 움직이게 되고, 어떻게 자꾸만 움직이느냐에 따라 성품이 정해지고, 그 성품에 따라 자기 삶의 열매가 추출되는 것이다. 따라서 운명을 바꾸려면 성품을 바꾸고, 성품을 바꾸려면 행동을 바꾸고, 행동을 바꾸려면 지향하는 이상을 바꾸어야 한다.

우리의 일상은 식습관, 수면 패턴, 말버릇 등 습관 덩어리이다. 자신이 지향하는 이상의 도구가 곧 습관 덩어리이다. 어떤 일도 도구가 좋아야 잘 이루낼 수 있음은 물론이다. 자신의 습관 덩어리를 잘 정비하면 그만큼 자신이 지향하는 이상을 잘 이루어낼 수 있다.

이런 사람과는
결혼하지 말라

●

섹스가 없었다면 친구도 되지 않았을 사
람과는 결혼하지 말라.

○리엄 글래서

오직 섹스만을 위한 결혼은 피해
야 한다. 1만 년 전 부계 사회가 정착하면서 섹스의 제
일 중요한 기능은 유산을 물려줄 후손 생산이 되었다. 그
이후 성관계란 부부 사이에서만 가능해야 한다는 윤리
가 정착되었다. 혼인 이외의 섹스는 모두 정죄되었고, 가
부장적 색채가 강한 종교에서는 특히 여성에게 더 순결
을 강조했다. 여기서 동정녀 마리아나 음녀 같은 대비된

이미지가 나왔다.

혼외 성적 순결에 얼마나 집착했는지, 중세 십자
군전쟁 때는 원정을 떠나던 군인들이 부인에게 정조대
를 채우기도 했다. 19세기 빅토리아 시대에 이르러서는
성적으로 더 억압적이며 보수적이 되었다. 여성에게 정
숙을 요구하면서도 성적 어필을 강조해 허리를 단단히
조이는 강력한 코르셋을 착용하게 했다.

이런 시대에 프로이트는 성적 충동의 과도한 억
압이 히스테리의 주요 원인 중 하나라고 보았다. 인간의
욕구는 억압한다고 사라지지 않고 다른 방식으로 표출
된다. 혼인 이외의 섹스가 모두 정죄당하자 사람들은 결
혼을 섹스를 위한 합법적인 수단으로까지 인식하게 되
었다. 섹스하기 위해 결혼한다? 누구도 인정하고 싶어
하지 않지만 현실은 그런 모양이었다.

성도 하나의 충동인데, 이 충동이 약한 사람도
있다. 이들은 결혼해도 성 충동이 강한 사람에게 잘 적응
하지 못한다. 반면에 성 충동이 강한 사람이 집착을 보이
면 성 중독으로까지 가기도 있다. 성 충동이 강한 사람들
은 처음에는 애정의 기준을 성적 응대로 보다가 심해지
면 성적 행위 자체를 유일한 인생의 낙으로까지 여긴다.
성이 있어야 사랑이 있고, 성이 없으면 애정이 없다는 식

이다. 그래서 너의 성적 어필이 없다면 내가 왜 너와 사느냐는 식으로 비화한다.

성적 매력은 문화에 따라 달라지기 때문에 누구도 완벽히 만족시켜줄 수 없다. 성이 결혼의 유일무이한 이유가 될 때 그 결혼은 유지되기가 어렵다. 서로 인생을 공유하는 가운데 성적 즐거움은 부가적인 것이 되어야 성적 능력이 떨어지는 노년에도 좋은 친구 같은 동반자로 남는다.

내 성격을
부모 탓으로
돌리지 말라

●
그 당시에는 부모도 무엇이 더 옳은지 몰
랐을 것이다. 부모의 부모도, 또 그 부모
의 부모도 그러했다. 그러니 부모를 원망
하지 말라.

○ 알프레트 아들러

　　　　세상 누구도 완벽하지 않다. 그런
데 우리는 부모만큼은 자식들을 완벽하게 길러주기를 기
대한다. 물론 아이에게 부모는 신과 같다. 앉지도 걷지
도 못하는 아이를 길러내기 때문이다. 그런 부모의 모습
이 무력하기만 한 아이의 눈에는 그야말로 모든 것을 다
해내는 슈퍼맨으로 비친다. 그러다 학교에 가고 철이 들
면서 내 부모 역시 부족하고 못난 부분이 있음을 알게 된

다.

　　오늘날의 나를 있게 만든 사람들이 부모인 것은 맞다. 그러나 부모는 완벽하지 않고, 설령 완벽에 가깝다고 해도 자녀를 완벽하게 양육하기는 불가능하다. 그런데도 자신의 완벽하지 않은 부분에 대한 책임을 부모의 양육 탓으로 돌린다면, 이것은 자신에게 무책임한 행위이다. 문제 있는 아이 뒤에 문제 있는 부모가 있다는 생각도 교육학적인 이론 중의 하나일 뿐이다.

　　자식이 힘들어하면 부모들은 '다 내 탓이다'라거나, '부모 잘못 만나 네가 고생한다'는 식으로 말하기도 하지만 그 관점이 잘못되었다. 그럴수록 자녀를 무책임하게 만들고, 부모는 부모대로 죄인 아닌 죄인이 된다. 세상에 완벽한 부모는 없다. 주어진 여건에서 나름대로 노릇을 했으면 충분하다. 그리고 누구든 성인이 되었으면 자기 인생은 자신이 책임져야 한다.

아무 문제도
없게 하려면

●
아무 일도 하지 말라. 그러면 무슨 일도
일어나지 않는다.

○ 알프레트 아들러

어떤 일을 해도 작든 크든 문제는
따른다. 움직이면 소리가 난다. 아무 문제가 없게 하려면
아무 일도 하지 않으면 된다.

그러나 일을 하며 문제가 생기는 것을 미리 두려
워할 필요는 없다. 일하다 보면 어쩔 수 없이 생기는 문
제보다 일해서 누리는 보답이 언제나 더 크다. 운전은 아
예 안 하는 것보다 하면 사고 요인이 증가한다. 그렇지만

운전이 주는 편익이 훨씬 더 크기 때문에 다들 차를 몰고 다닌다.

집안에 가만히 드러누워만 있으면 제일 안전할 것 같지만 머지않아 심신이 크게 상한다. 그런데도 외부 위험을 두려워해 칩거하는 '히키코모리(은둔형 외톨이)족'이 있다. 이런 칩거 증후군은 회피성 장애와 관련이 깊다. 이들과는 약간 다르게 디지털로만 외부와 소통하려는 '코쿤cocoon족'도 있다.

세상으로부터 도피하면 조금 안전할지 모르나 또 다른 문제가 생긴다. 사회성, 연대성, 현장성이 훨씬 부족해진다. 그럴수록 더욱 움츠러들고 누구도 만날 엄두조차 내기 어렵게 된다.

사람도 자꾸 만나 버릇해야 한다. 그들 중에는 좋은 사람도 있고 나쁜 사람도 있지만, 만나다 보면 그 나름대로 대처할 역량이 생긴다. 세상일이라는 것은 사람이 만나 함께 차도 마시고 식사도 하면서 만들어가는 것이다. 그 과정에서 생기는 문제는 인생의 조미료쯤으로 생각하자. 고요한 바다는 죽은 바다이다. 풍랑이 일어나 바닷물이 정화되어야 생물이 살 수 있다.

세상에서
가장 놀라운
기적

●
무엇이 세상에서 가장 놀라운 일일까? 자기 자신을 완전히 받아들이는 것이다.
○카를 구스타프 융

        세상을 정복하기가 어려울까, 자기를 정복하기가 어려울까? 자기 정복이 더 어렵다. 세상을 정복하려면 먼저 자기를 정복해야만 하고, 세상을 정복한 후에라도 꾸준히 자기를 정복하지 않으면 모든 것을 다 놓친다. 부처는 '자기 정복이 세상을 정복하는 것보다 더 위대하다'고 했고, 르네 데카르트도 역시 '세상을 정복하려 말고 먼저 자신부터 정복하라'고 했다.

나를 정복한다는 것은 있는 그대로의 나를 수용한다는 것이다. 그래야 비로소 자기 정복이 가능해진다. 있는 그대로의 나란 누구일까? 자신의 의식과 무의식이다. 내 의식과 무의식이 조화를 이룰 때 내 모습 그대로를 받아들이는 것이다.

인생의 전반부에는 자아가 외부 세계에 적응하기 바쁘지만, 후반부에는 자아가 내면을 돌아보게 된다. 이것이 많은 사람 중의 한 사람에 불과한, '그들 중 하나'에서 '하나의 나'가 되는 개성화 과정이며, 자아실현으로 가는 길이다. 개성이라고 해서 꼭 남들과 다른 특이한 어떤 것이라고 볼 필요는 없다.

개성화란 무조건 차별화 지향이 아니라 내면의 지향이다. 외부와 적응하며 쌓아온 자신을 내면적 성숙과 조화를 이루어가며 내가 나일 수 있는 이유를 확립해가는 것이다. 개성적인 사람은 자기 존재 이유 안에 보편적 가치에 대한 동의가 포괄되어 있다.

이 또한 지나가리니
평소처럼 살아라

●

어떤 생각도 영원하지 않다. 그 모두가 일
시적 이념 과정일 뿐, 느낌이나 감정보다
도 더 일정하지 않다.

○ 빌헬름 분트

충격이 컸던 사건은 잘 잊히지 않
는다. 도리어 잊으려고 하면 할수록 더 또렷해진다. 한동
안은 이 트라우마를 결코 극복하지 못할 것 같다는 생각
에 더 힘겨워진다. 어떻게 해야 이런 생각을 달랠 수 있
을까?

우선 아팠던 기억을 억지로 잊으려고 할 필요가
없다. 생각이 나면 나는 대로 놓아두라. 그보다 더 중요

한 것이 일상을 그대로 유지해가는 것이다. 자신의 트라우마를 있는 그대로 보아야 한다. 무조건 무시하거나 부정하지 말고 그렇다고 과장할 필요도 없다.

그리고 이런 아픔을 유독 나만이 겪었다는 생각도 버려야 한다. 그러지 않으면 억울하다는 느낌까지 들어 더욱 힘들어진다. 분명한 것은 나보다 훨씬 더 힘든 일을 겪은 사람도 부지기수이며, 그럼에도 잘 사는 사람 또한 부지기수이다.

누구나 내 손톱 밑 가시가 남의 죽을병보다 더 아픈 법이다. 유달리 내 아픔이 누구의 아픔보다 더 희한하고 크게만 느껴지기도 한다. 그럼에도 세월은 흐르며 흐르는 세월 따라 잊히지 않을 것만 같은 아픔도 씻겨 내려간다. 세상사가 다 그렇다.

다만 힘들어하는 시기를 단축하는 요령이 필요할 뿐이다. 그 요령은 아팠던 상처에 예민해하지 말고 정상적으로 활동하는 것이다. 그러면 아픔 때문에 무기력하고 쓸모없는 사람 같다는 느낌이 차츰 사라지며, 그 아픔마저도 담담히 직면할 수 있게 된다.

언제나 느낌이나 감정보다 생각이 더 일시적이다. 생각이 변하면 느낌과 감정도 따라 변하면서 아팠던 기억도 추억의 한 페이지로 넘어간다.

프로이트식
성공 방정식

●
프로이트는 분류의 즐거움, 문제 해결 갈
망, 시스템 구축의 열정이라는 세 가지 동
기로 위대한 활력을 누렸다.
○하워드 가드너

정신분석의 창시자인 프로이트. 그를 빼고는 인간의 심리에 대한 기본적인 언급도 하기 어려울 정도이다. 프로이트의 영향력은 심리학뿐 아니라 문학, 미술, 음악 등 각 방면에 깊이 뻗어 있다. 그는 어떻게 이런 불후의 성공을 거뒀을까?

우선 프로이트는 누구나 어렴풋이 알고는 있지만 정리되지 않았던 인격의 구조를 의식과 무식으로 간명하게 분류했다. 그는 인간이 의식하는 생각, 감정, 행동이 무의식적 욕구의 충동을 받는다고 보았다. 이 의식은 현실 원칙을 따르는 자아와 도덕 원칙을 중시하는 초자아로 구성되며, 무의식은 욕망 원칙에 따른다.

이렇게 해서 인격의 구조가 무의식, 자아, 초자아의 세 영역으로 대별되었다. 이 세 영역이 서로 역동적 작용하며 인격을 표출하는 것이다. 이 중 자아가 중심이 되어 무의식의 충동과 초자아의 원칙을 중재한다. 이러한 인간 심리에 대한 기본 구도를 발견한 것이 프로이드의 찬란한 업적이다.

자아를 중심으로 한 무의식과 초자아. 이 세 영역의 상호작용이 원활하지 않고 갈등이 심하면 정신적 고통을 받는다. 프로이트의 인격 작동에 대한 시스템적 이해는 수많은 임상을 통한 사례를 분석해가며 확립되었고, 갈등 해소에 교과서적인 방식도 규명해내었다.

너그러운 사람의
특징

●
남에게 너그러운 사람이 자신에게 더 엄격
하고 자신을 위한 소비를 덜하는 편이다.
○ 카렌 호나이

　　　　　같은 일도 자기가 하면 옳고, 다른
사람이 하면 틀리다고 하는 사람들이 있다. 자기에게만
관대한 사람들이다. 그들의 특징은 자기변명이 많다는
것이다. 사람은 완벽하지 않기 때문에 누구나 어느 정도
의 자기 합리화를 한다. 그래야 지나친 자책에 시달리지
않는다.
　　　　　그러나 지나치게 세상을 자기 위주로만 보고, 분

명히 자기 잘못인데도 남 탓으로 돌리면 성숙해지기 어렵고 타인과의 교류도 좁아진다. 그런 사람들을 '얍삽하다'고 한다. 얍삽한 사람들이 당장은 잘되는 일이 많다. 그들은 자신과 가족만이 중요할 뿐이다. 그래서 타인에게 인색할 뿐 아니라 편법을 써서라도 타인의 이익까지 자기 이익으로 돌려놓는다.

　　이처럼 얍삽하면 야비한 수법을 동원하게 되어 있다. 처음에 얍삽하기만 했던 사람이 자신도 모르는 사이에 야비한 인격으로 변해간다. 이것이 잔머리가 사악한 기질로 변해가는 과정이다. 그렇게 되면 그의 잔머리로 혜택을 보던 가족들까지 야비한 기질을 닮아간다. 자기에게 엄격하지 못하면 그 여파가 주위에까지 번져가는 것이다. 악화가 양화를 구축한다는 '그레셤의 법칙'이 심리적으로도 적용된다. 여기에서 구축은 퇴치한다는 뜻이다.

　　자기 관리를 잘하는 사람이 타인을 더 잘 이해하는 까닭은 무엇일까? 자기 관리가 쉽지 않다는 것을 알기 때문에 타인의 실수도 용인하며 잘 관리하도록 권면해줄 수 있는 것이다. 자기를 방치하면 그런 어려움조차도 알지 못한다.

내 인생
최고의 때는
아직 오직 않았다

●
삶의 포인트가 있는 낙관주의자가 되려
면, 아직도 최고의 때는 오지 않았다고 되
뇔 만큼 어리석어지는 것이다.
○ 헨리 해블록 엘리스

　삶의 포인트란 무엇일까? 이정표
이다. 이정표는 방향이다. 한 사람의 이정표를 보면 지난
성과를 가늠할 수 있고 그의 특징도 알 수 있다. 당신의
이정표는 어디를 가리키고 있는가?
　그까짓 이정표가 무슨 소용이냐는 사람도 있다.
그냥 하루하루 주어진 대로만 살겠다는 뜻일 테다. 그러
더라도 이정표가 있는 것과 없는 것은 차이가 크다. 이정

표에 따라 오늘과 과거가 정렬되기 때문이다.

좋은 이정표는 건강한 목표이며, 목표가 건강하면 계획도 건전하게 수립된다. 계획이 건전해야 노력을 효율적으로 할 수 있다. 효율적으로 노력하면 추진력도 강력해진다. 그만큼 이정표가 중요하다.

그런데도 삶을 이정표도 없이 낙관만 하려는 사람들이 무대책 긍정주의자들이다. 무슨 일이든 불길한 생각보다 잘 되리라는 기대를 가지면 좋지만, 뚜렷한 방책도 없이 인디언 기우제처럼 하늘에서 비가 오기만을 기다리는 식이어서는 안 된다.

사람들이 긍정의 주술을 좋아하는 이유가 있다. '믿어. 다 잘 될 거야', '간절히 염원하면 우주의 기가 돕는다.' 이런 주술에 빠져 있는 것은 막상 행동은 힘들고 믿기는 쉽기 때문이다.

행동 없이 긍정만 하고 있으면, 긍정이 마약처럼 작용해 어떤 일도 이룰 수 없다. 이것이 긍정의 배신이다. 선행기언先行其言, 이후종지而後從之라고 한 공자의 가르침처럼 먼저 행동하고 나서 말해야 한다. 그래야 긍정의 배신이 아니라 긍정의 축복을 누린다. 비록 지금이 최고의 순간처럼 여겨지더라도 내 인생의 최고는 아직도 저 만치에 있다고 해야 현명한 낙관주의자가 되는 것이다.

가끔은
바다로 가라

●

살면서 극심한 긴장으로 탈진할 지경이
되거든 바다로 가라. 그 광대하고 무한한
평화를 바라보면 회복될 수 있다.

○ 카를 구스타프 융

원시 지구 어디쯤에 첫 산이 열리
고 하늘이 보일 때도 바다는 이미 있었다. 수백 년에 걸
쳐 원시 지구를 덮고 있던 구름에서 비가 내리며 마그마
로 펄펄 끓던 바다가 서서히 식어 갔다. 45억 년 전 그렇
게 오늘의 지구가 탄생했다. 급기야 40억 년 전 원핵세
포라는 생명체가 출현했다. 바다는 곧 만물의 자궁이며
생명의 시초였던 것이다.

원핵세포에서 미토콘드리아가 나왔고, 다시 다세포 생명이 되더니 인간으로까지 진화했다. 바다는 여전한데 모든 생명체는 왔다가 떠났다. 모래사장에 묻힌 조가비는 알고 있다. 저 바다의 파도에 실린 수많은 사연을…….

시칠리아의 섬에 살던 어부들을 수장시켰던 사이렌의 노랫소리도, 그 소리에 홀리지 않으려 밀랍으로 귀를 만들고 자신을 배의 돛대에 묶어 무사히 지나간 오디세우스의 사연도 파도는 알고 있다. 철썩, 처얼썩. 파도 앞에 선 최남선은 〈해에게서 소년에게〉라는 시를 외치며 진시황과 나폴레옹에게 '너희들은 누구냐'라고 물었다.

삶이 버거워질 때나 너무 좋아서 오만해질 때도 바다로 가자. 거기에 생명의 근원이 있고 생명체가 오가면서 남긴 모든 이야기를 담은 파도가 있다. 그 소리를 듣다 보면 내 삶도 그다지 무겁지 않다는 것을 느끼게 될 것이다. 파도 소리는 아무리 거세도 심신을 편하게 해준다. 그래서 핑크 소음이라고 한다. 도시의 소음에 지치고 사람 사는 일에 지칠 때면 바다에 다녀오라.

늘 좋은 기억으로
남으려면

●

기억에 오래 남으려면 횟수나 지속 기간
보다 그 경험에서 어떤 절정이 있었느냐
와 마무리가 어떠했느냐가 중요하다.

○대니얼 카너먼

우리의 삶을 돌아보자. 무엇이 가
장 좋은 기억으로 남아 있는가? 오랫동안 만난 사람, 오
래 해오던 일들도 생각나겠지만 그것만으로는 감동이
없다. 만난 횟수에 상관없이 만나면 꼭 기분 좋게 헤어졌
던 사람이 있다. 만날 때면 한번쯤은 정말 유쾌했던 경험
도 떠오를 것이다. 아무리 중요한 사람이라도 만날 때마
다 아웅다웅하다가 헤어진다면 결코 좋은 기억으로 남

지 않는다.

어느 식당에 갔더니 없는 반찬이 없을 만큼 푸짐했다. 가격도 저렴해서 여러 번 가다가 그만두었다. 김치, 양파, 시금치, 소시지 등 대부분 기름에 볶은 데다가 식은 음식이라 소화도 잘 되지 않았다. 그럴 시간과 비용이라면 단 몇 가지라도 특색 있게 내놓았다면 좋았을 것이다.

사람 사이도 똑같다. 많은 시간을 함께 보내고 많은 경험을 나눈다고 해서 다 좋은 것만은 아니다. 조금 덜 만나도 만나면 최고의 기분을 느꼈던 순간을 만들고, 특히 마무리를 잘해야 한다. 행여 만나는 과정에서 다투었더라도 헤어질 때는 기분 좋게 해야 한다.

어떤 대상에 대한 좋은 임팩트는 절정의 순간과 마무리의 경험으로 구성된다. 아무리 죽고 못 사는 사이였더라도 끝이 나쁘면 아픈 기억으로 남는다. 그래서 대미를 멋지게 장식하는 것이 매우 중요하다.

사람 사이가 늘 좋을 수는 없다. 너무 나쁘지 않게 그저 그렇게 지내도 된다. 그런 가운데에서도 절정의 희열을 함께 나누고 특히 마무리를 잘하면 언제까지나 좋은 기억으로 남을 수 있다.

프로이트
익스프레스

ⓒ 이동연

초판 1쇄 2024년 6월 21일 찍음
초판 1쇄 2024년 7월 10일 펴냄

지은이 | 이동연
펴낸이 | 이태준

인쇄·제본 | 지경사문화

펴낸곳 | 북카라반
출판등록 | 제17-332호 2002년 10월 18일

주소 | (04037) 서울시 마포구 양화로7길 6-16 서교제일빌딩 3층
전화 | 02-486-0385
팩스 | 02-474-1413

ISBN 979-11-6005-142-1 03190
값 17,000원